Sagen und Geschichten
aus dem Landkreis Göttingen

Die Autorin
wurde 1965 in Ostwestfalen geboren und kam 1984 zum Studium der Archäologie und Geschichte nach Göttingen. Seit ihrer Dissertation 1993 über die Überlieferungen der Burg Plesse beschäftigt sie sich intensiv mit den Sagen in Südniedersachsen. Seit 2002 ist sie Gästeführerin in Göttingen und Hann. Münden und als Reiseleiterin in der Region unterwegs. Ihre Schwerpunkte sind Wissenschaftsgeschichte, die Biografien berühmter Persönlichkeiten und Bauforschung/Denkmalpflege. Mit Begeisterung übersetzt sie dabei historische Begebenheiten in unsere moderne Sprache.

Titelzeichnung: Peter Fischer, Winkeldorf
Autorinnenfoto, S. 2: Klaus Peter Wittemann, Göttingen

1. Auflage 2022

ISBN 978-3-95494-286-2
www.edition-falkenberg.de

Gudrun Keindorf

Sagen und Geschichten aus dem Landkreis Göttingen

Edition Falkenberg

»Es wird dem Menschen von heimathswegen
ein guter Engel beigegeben. [...]
Diese wohlthätige Begleitung ist das
unerschöpfliche Gut der Märchen, Sagen und
Geschichte.«

Jacob und Wilhelm Grimm
Vorrede zu den »Deutschen Sagen«, 1816

Inhalt

Zum Geleit 9
Einleitung 11

Namen

Wie Münden zu seinem Namen kam 15
Der Name Duderstadt 16
Was du an einem Tag umreiten kannst 17
Die Schwanringe zu Plesse 18
Die Dransfelder Hasenmelker und die Göttinger Eselfresser 19

Gründung und Untergang

Wie das alte Lauterberg abbrannte 21
Die weißen Hirsche zu Plesse 23
Wie Osterode entstand 26
Die Osterjungfrau von Osterode 28
Rosenthal 30
Wie das Dorf Elbingen zerstört wurde 32

Erdfälle und Quellen

Der Billingshäuser Ochsenpfuhl 34
Der Brüllborn bei Renshausen 35
Kinderbrunnen 36
Der Ochsenpfuhl in Herzberg 37
Romar und Ruma 38
Graf Isang 41

Riesen

Der Hünenstein bei Rosdorf 45
Das Riesenfräulein von der Hünenburg 46
Riesen backen gemeinschaftlich 47
Der Hammerwurf 49

Zwerge

Der Abzug des Zwergenvolks über die Brücke 50
Die Zwerge im Sachsenstein 52
Die Zwergin als Hebamme 53
Die dankbaren Zwerge 53
Das Fest der Zwerge 54
Der Förstersohn auf dem Hübichenstein 55
Der silberne Tannenzapfen 60
Die Zwerge von der Jettenhöhle 62
Das Stille Volk zu Plesse 64

Schätze

Der Schatz von Wickelshausen 68
Die Springwurzel vom Brackenberge bei Meensen 71
Der Venediger in Bad Grund 72
Das Weingartenloch 74
Die Unterschrift 74
Die Klus bei Rüdershausen 75
Der mutige Schäfer in Barlissen 77

Böse Buben

Hans von Eisdorf 79
Der Katzenstein 80
Gerechte Strafe 82
Der Klinkerbrunnen 83
Der Raubritter von der Drakenburg 84

Geisterstunde

Der Klimperhund 87
Der schwarze Hund am Pferdeberg 88
Der Mann ohne Kopf 90
Der betrügerische Landmesser von Hattorf 91
Das Fräulein von Bönnekehausen 92
Die Jungfrau von Radolfshausen 94
Das unerfüllte Gelübde 97

Teufel
Knabe dem Teufel entrissen 100
Auf dem Edelhofe in Bodensee 102
Herzog Erich und der Teufel 103
Wie der Teufel den Sensenstein zertrümmern wollte 105
Der betrogene Teufel 106
Vom Westerturm in Duderstadt 107

Hexen
Der Posten und die Katzen 108
Die Hexe von Wulften 110
Die Hexe aus Gittelde fuhr auf den Blocksberg ... 111

Göttliche Wunder
Die versunkene Glocke in Escherode 112
Sau fand, Mädchen band 113
Das wandernde Gnadenbild in Germershausen 115
Das Siebenläuten in Göttingen 117
Das Katharinenläuten 117
Katharina von Thüringen 118
Die Julianenstiftung 120
Die Vierzehn-Heiligen-Kapelle in Bilshausen 123

Literatur in Auswahl 125
Register 126

Zum Geleit

Passen Geschichten von Riesen und Zwergen, Teufel und Hexen, bösen Buben und holden Jungfrauen (noch) ins 21. Jahrhundert? So ketzerisch die Frage anmuten mag, so berechtigt ist sie. Schaut man sich die zahlreichen Sagen des Landkreises Göttingen an, wird schnell klar, dass sie mehr sind als fantasievolle Erzählungen über mehr oder minder unwahrscheinliche Ereignisse. Sie zeigen uns, wie unsere Vorfahren sich die Welt erklärten. Viele Fragen, die die Sagen zu beantworten suchen, stellen wir uns heutzutage auch noch: Was bedeutet dieser Ortsname? Wie ist jene Burg entstanden? Warum ist das Dorf von der Landkarte verschwunden?

Unsere Antworten, zumal aus der Perspektive der Universitätsstadt Göttingen, der »Stadt die Wissen schafft«, mögen rationaler ausfallen. Doch Menschen sind in jedem Jahrhundert Menschen – mit ihren Sehnsüchten, ihren Ängsten, ihrer Lust am Schaudern, ihrer Neugierde auf die Welt. In diesem Sinne sind die Sagen gleichermaßen zeitlos und aktuell.

Die Bovenderin Gudrun Keindorf ist seit über 35 Jahren in der regionalgeschichtlichen Forschung aktiv. Schon mit ihrer Doktorarbeit über die Sagen der Burg Plesse hat sie Anfang der 90er Jahre das Thema in die Gegenwart geholt.

Seit zwei Jahrzehnten ist sie als Gästeführerin in Göttingen und Hann. Münden und als Reiseleiterin in der Region tätig. Ob bei einer Themenführung zu dem Leben der Brüder Grimm in Göttingen, bei Fahrten zu Stationen der Deutschen Märchenstraße oder Richtung Harz mit seinen Bergbausagen, stets erweist sie sich als profunde Kennerin und begeisterte Erzählerin. Ihre Geschichten über die Geschichten sind dabei ebenso unterhaltsam wie wissenschaftlich fundiert.

Diese Mischung macht ihr aktuelles Buch äußerst lesenswert. Wir Einheimischen können unseren Landkreis Göttingen lesend auf eine neue Art entdecken. Und für unsere Gäste öffnet sich der Blick auf Orte und historische Ereignisse, die ihnen sonst vielleicht entgangen wären.

Angelika Daamen
Geschäftsführerin
Göttingen Tourismus und Marketing e.V.

Einleitung

Als ich 1993 meine Doktorarbeit über die historischen Überlieferungen und Sagen von der Burg Plesse fertiggestellt hatte, wäre mir nicht in den Sinn gekommen, dass ich 29 Jahre später ein Lesebuch mit eben solchen Geschichten schreiben könnte. Tatsächlich haben mich die Sagen nie losgelassen, sie waren immer Teil meines Repertoires bei Führungen auf der Burg Plesse, bei Stadtführungen in Göttingen oder auch bei Reiseleitungen durch Südniedersachsen.

Sie faszinieren mich immer noch, spiegelt sich in ihnen doch die Weltsicht ihrer Erzähler. Sagen erklären Namen, berichten von der Gründung oder dem Untergang markanter Orte, raunen von schönen Frauen und finsteren Gesellen, warnen vor Spukgestalten, spotten über den Teufel oder berichten von lokalen Bräuchen. Andere Geschichten überliefern historische Ereignisse, berichten von Personen, die es – scheinbar oder tatsächlich – einmal gegeben hat. Neben einzigartigen Geschichten stehen solche, die es so oder so ähnlich hundertfach gibt, weil ihre Motive durch Zeit und Raum wandern.

So spannend wie die Erzählungen selbst sind auch die Geschichten über ihre Entstehung und ihre Wandlungen durch die Jahrhunderte. Sie stammen aus lateinischen Berichten mittelalterlicher Mönche, aus den niederdeutschen Chroniken humanistischer Genealogen und manchmal tatsächlich auch aus »Volkes Mund«. Doch dabei ist Vorsicht angebracht, denn manches, was scheinbar eine mündliche Erzählung ist, ist eigentlich die Nacherzählung von etwas Gelesenem.

Sagen werden zusammengetragen, abgeschrieben, umgeschrieben, aussortiert. Sie dienen der Unterhaltung, sollen moralisches Verhalten lehren, wollen patriotische Gefühle wecken oder Schulkindern Wissen über ihre Heimat vermitteln. Durch die Jahrhunderte meint der Begriff »Sage« dabei völlig unterschiedliche Sachen. Für den mittelalterlichen Schreiber ist die »Mär« ein Gerücht. Für den Chronisten des 16. Jahrhunderts ist »alter Leut Bericht« ein Zeitzeugendokument von hoher Glaubwürdigkeit. Die sich entwickelnde Geschichtswissenschaft des 18. Jahrhunderts verwendet den Begriff »bloße Sage« zur Abqualifizierung von nicht beweisbaren Behauptungen.

Als die Brüder Grimm loszogen, um parallel zu den Kinder- und Hausmärchen auch die »Deutschen Sagen« zu sammeln, sprachen sie nicht etwa mit den Menschen vor Ort. Sie gingen auf der Suche nach Geschichten in Archive und Bibliotheken. Das Schlüsselwort »Sage« verbanden sie gedanklich mit uralter, mündlicher Überlieferung. Sie betrachteten den Abdruck als Beleg, dass die mündliche Geschichte viel älter war. Erst Mitte des 19. Jahrhunderts machten sich in unserer Region die ersten Sammler, Georg Schambach und Wilhelm Müller, auf die Wanderung und trugen Sagen und Märchen »aus dem Munde des Volkes« zusammen.

Räumlich spannt sich der Bogen durch den heutigen Landkreis Göttingen, von der Weser über das Leinebergland, quer durch das Untereichsfeld bis zum Harzrand. Entsprechend vielfältig sind die naturräumliche Gliederung und die historisch daraus gewachsenen Wirtschaftsweisen. Hier finden sich Einzelgehöfte, Dörfer und Städte, Burgen und Klöster. Es gibt Orte, die von Bergbau oder Landwirtschaft, andere die von Handel oder Wissenschaft geprägt sind.

Bei der Recherche habe ich manche Sage wieder- und andere ganz neu entdeckt. Eine Auswahl zu treffen, die diese Vielfalt spiegelt, und die Geschichten und die Geschichten hinter den Geschichten in der Sprache des 21. Jahrhunderts zu erzählen, war mir ein großes Vergnügen. Und ein solches Vergnügen wünsche ich meiner Leserschaft auch bei der Lektüre.

Mein aufrichtiger Dank gilt Stefan Benz, Angelika Daamen, Sabine Eckardt, Hans-Heinrich Hillegeist und Gisela Wolf für ihre freundschaftliche Unterstützung bei inhaltlichen und technischen Fragen sowie beim Lektorat.

Gudrun Keindorf

Namen

Der Volksmund sagt zwar, »Namen sind Schall und Rauch«, das ändert aber nichts an der Faszination, die sie auslösen. Was bedeutet ein Name? Was verrät er über die Vergangenheit? Rätselhaft sind Namen vor allem deshalb, weil Sprache sich wandelt und die ursprüngliche Bedeutung deshalb nicht mehr verstanden wird. Dieser Zusammenhang war den Menschen früherer Jahrhunderte aber nicht bewusst. Sie versuchten, die Namen aus ihrem eigenen Wortschatz heraus zu verstehen. Und so entstanden zahlreiche Sagen, die scheinbar erklärten, warum ein Ort oder ein Mensch so heißt, wie er eben heißt.

Wie Münden zu seinem Namen kam

Vor tausend und mehr Jahren gab es am Zusammenfluss von Werra und Fulda nur Wälder, in denen wilde Tiere hausten.

Einmal kamen zwei Ritter das Fuldatal herab. Die Gegend gefiel ihnen so gut, dass sie beschlossen, sich dort anzusiedeln und für immer zu bleiben. In brüderlicher Einigkeit bauten sie ein festes Haus und machten den Wald urbar. Da die Siedlung ihnen beiden gehörte, nannten sie sie »Mün« und »Dün«, also Mein und Dein. Und aus Mün-Dün wurde Münden, das heute Hann. Münden heißt.

Nach einer anderen Version sollen es zwei Riesen gewesen sein, die die Siedlung errichteten. Ähnlich unhistorisch ist die Erklärung für die zentrale Stadt im Untereichsfeld. Hier ist unklar, ob zwei oder drei Brüder verantwortlich waren.

Der Name Duderstadt

Zwei Brüder errichteten gemeinsam Duderstadt. Und als sie damit fertig waren, fragten sie sich, wie die neue Stadt wohl heißen sollte. Der Ältere sagte zu dem Jüngeren: »Gib du der Stadt den Namen.«. Der Jüngere wehrte ab und sagte: »Du bist der Ältere. Gib du der Stadt den Namen.« So ging es eine Weile hin und her. Und schließlich entschieden sie sich gemeinsam für Duderstadt.

Im 16. Jahrhundert gaben zahlreiche Adelsfamilien Familienchroniken in Auftrag. Da sie über die Anfänge meist wenig Urkunden besaßen, dienten mündliche Überlieferungen als Ersatz. In einer Verbindung aus geschichtlich bekannten Persönlichkeiten und familiär erzählten Geschichten entstanden so Gründungslegenden, die auch den Namen der zugehörigen Burg erklären sollten.

Im Fall von Adelebsen variiert die Geschichte ein Motiv der Dido-Sage. Die sagenhafte Gründerin

Karthagos bekam ein Stück Land so groß wie die Fläche einer Kuhhaut geschenkt. Sie zerschnitt die Haut in einen einzigen, sehr dünnen Streifen und konnte damit eine riesige Fläche Land einfassen, auf der dann die Stadt entstand.

Was du an einem Tag umreiten kannst

Auf seinen Reisen besuchte König Heinrich I. gern zusammen mit seiner Gemahlin Mathilde die Pfalz Grona bei Göttingen. Dort kamen dann zahlreiche Ritter und Edelfräulein zusammen. Beim Königspaar besonders beliebt war das Hoffräulein Adelheid. Als Adelheid sich mit dem Ritter Dietmar verlobte, schenkte Heinrich ihr so viel Land, wie sie an einem Tag umreiten könne. Was er nicht wusste war, dass sie seit frühester Jugend mit ihrem Vater durch Feld, Wald und Flur, über Stock und Stein geritten war.

Sie sprang auf das Pferd und umritt im Galopp das gesamte Schwülmetal und die Gegend, in dem jetzt Adelebsen liegt. So wurde das Land ihr Eigentum.

Nach der Vermählung bauten sich Dietmar und Adelheid eine Burg, um dort zu wohnen. Die nannten sie Adelheidshusen oder Adeleifhausen, woraus der Name Adelebsen entstanden ist. Und am Fuße der Burg siedelten sich allerlei Menschen an. So entstand der Flecken Adelebsen.

Die Überlieferung zur Gründung der Burg Plesse ist ziemlich verwickelt. Der Chronist Johannes Letzner schrieb Ende des 16. Jahrhunderts zwei verschiedene Versionen der Gründungslegende auf. Joachim Meier tat sie Anfang des 18. Jahrhunderts als »bloße Sage« ab. Von dort wanderte die Geschichte dann in die »Deutschen Sagen« der Brüder Grimm. Aus der Herkunft im benachbarten Höckelheim wurde dabei »sie kamen aus fernen Landen«.

Die Schwanringe zu Plesse

Boldewin von Schwanringen hatte eine Tochter des Herrn von Beichlingen zur Frau genommen. Gemeinsam lebten sie in Höckelheim, einem kleinen Ort westlich von Northeim. Da nun ihr Gebiet an das der Grafen von Hardenberg stieß, kam es wiederholt zu Konflikten. Diese schaukelten sich immer weiter hoch, bis Bodo von Hardenberg Sieghart von Schwanringen, den Sohn Boldewins, nahe der Leine mit einem Pfeil erschoss.

Da die Hardenberger sich außerdem eine Burg bauten, fühlten sich die von Schwanringen in Höckelheim nicht mehr sicher. Siegharts Brüder Gottschalk und Siegfried rüsteten sich also zur Gegenwehr und suchten nach einem Platz für eine neue Burg. Nun hatten sie einen Halbbruder, Heiso Schwanenflügel, der ein großer Jäger war und sich in Wald und Flur gut auskannte.

Er streifte viel durch die Gegend und fand einen Bergsporn, der gut geeignet war. Er holte also seine Halbbrüder und zeigte ihnen den Ort. Sie sahen sich gründlich um. Dann sagte Gottschalk: »Das ist ein feines Pletzken, hier will ich eine Burg bauen.« Und so ist bald darauf die Burg Pletzken genannt worden, woraus sich Plesse entwickelt hat.

Wo Menschen miteinander zu tun haben, sind Spitznamen nicht weit. Wenn gleich die komplette Bewohnerschaft eines Ortes damit belegt wird, lässt das auf reale Animositäten schließen. Im Fall von Dransfeld und Göttingen geht es dabei um unterschiedliche Auffassungen, wer am Hohen Hagen jagen darf. Die von Georg Grünewald 1660 in plattdeutschen Versen überlieferte Geschichte fand in verschiedenen Nacherzählungen Eingang in die Sagensammlungen.

Die Dransfelder Hasenmelker und die Göttinger Eselfresser

Im Mittelalter war einmal ein Welfenherzog mit seiner Streitmacht von Münden aufgebrochen, um die Göttinger zu bestrafen, weil sie ihm den Zoll verweigert hatten. Die Göttinger besiegten den Herzog in einer offenen Feldschlacht und verfolgten ihn bis vor Dransfeld. Die dem Herzog treu ergebenen Dransfelder machten einen Ausfall und unterstützten die herzoglichen Truppen so energisch, dass sie am Ende gewannen. Die Göttinger wurden mit großen Verlusten bis zu den Toren ihrer Stadt zurückgeworfen und mussten sich zu ihrer Schande um das feindliche Hasenbanner scharen.

Als Dank für ihre Unterstützung verlieh der Herzog den Dransfeldern das Jagdrecht am Hohen Hagen. Es dauerte nicht lange, bis die Bürger loszogen, um dieses Recht auch auszuüben. Nun hatten sie alle miteinander noch nie gejagt, darum hielten sie eine weidende Eselin für einen Hasen. Hocherfreut legten sie Pfeil und Bogen an. Da aber der Hase so zahm war, kam einer auf die Idee, ihn lebend zu fangen, was auch ohne Widerstand des Tieres gelang.

Die Jäger lagerten sich um ihre Beute, da bemerkte einer, dass das Tier ein volles Euter hatte. Also molken sie die Eselin und teilten sich die vermeintliche Hasenmilch. Das Ereignis sprach sich schnell nach Göttingen herum, und so hatten die Dransfelder ihren Spitznamen »Die Hasenmelker« weg.

Das konnten die Dransfelder nicht auf sich sitzen lassen. Und so erzählten sie überall, dass die Göttinger sie beim Hasenmilchtrinken überrascht hätten. Sie hätten ihnen die Jagdbeute abgenommen, das Tier geschlachtet und aufgegessen. Seitdem sind die Göttinger als »Die Eselfresser« bekannt.

Gründung und Untergang

Nicht immer sind Gründungssagen mit der Erklärung des Namens verknüpft. In aller Regel gibt es aber Personen, denen diese Gründung zugeschrieben wird. Immer wieder kommt es dabei vor, dass Gründung und Untergang eines Ortes in einer Geschichte vereinigt werden.

Die Nennung bekannter Namen bedeutet aber nicht, dass die Erzählung auch einen »wahren Kern« hat. Einen solchen kann man bei der Geschichte über Bad Lauterberg ausschließen. Dessen Ursprünge lagen eindeutig am Fuße des Burgbergs der Grafen von Lauterberg und nicht an der in der Sage erwähnten Stelle.

Wie das alte Lauterberg abbrannte

Lauterberg hat früher an einer anderen Stelle gelegen und zwar an der heutigen B 27, kurz vor dem Abzweig nach Sankt Andreasberg. Dort residierten damals die Grafen von Lutterberg.

Einmal hatten die Grafen Besuch von Mönchen aus dem Kloster Walkenried, mit denen sie Karten spielten. Erst ging es fröhlich zu, doch dann entstand aus einem Spaß ein Streit und daraus eine wilde Schlägerei. Erbost lief einer der Mönche auf den Dachboden und legte dort Feuer.

Darum ist das alte Lauterberg abgebrannt. Der neue Ort ist dann an der heutigen Stelle errichtet worden, weiter unten im Tal.

Die Stelle aber, wo das alte Lauterberg lag, hieß lange Zeit die Mönchsbrandstelle. Der ruchlose Pater hat nach seinem Tode lange dort gespukt, bis er endlich durch einen armen Reisenden erlöst worden ist.

Die Walkenrieder Zisterziensermönche lebten in strenger Zensur. Die Vorstellung, dass sie ihre Nachbarn zum Kartenspielen besuchen, ist deshalb völlig abwegig. Aber um 1800 war die Zeit der »Schauerromantik«, deren Autoren sich herzlich wenig um historische Details kümmerten. Viele Romane aus der Zeit malen genüsslich Untergangsszenarien aus. Das findet seinen Widerhall auch in den Sagen.

So berichtet eine Geschichte darüber, wie die Burg Plesse abbrannte. Sie liest sich wie die Handlung eines einschlägigen Hollywood-Films. Jahrzehntelange, archäologische Ausgrabungen ergaben zwar einzelne Brandschichten, aber keinen Hinweis auf eine derartige Katastrophe Ende des 12. Jahrhunderts.

Die weißen Hirsche zu Plesse

Otto aus dem edlen Geschlecht der Herren von Plesse zog mit Kaiser Rotbart zum heiligen Grabe nach Jerusalem. Seine Frau und seine zwei kleinen Söhne hatte er der Obhut seines jüngeren Bruders überlassen. Der sann darüber nach, wie er sich in den Besitz der Burg bringen könne. Dafür musste er die rechtmäßigen Erben beseitigen. Unterstützung fand er bei seinem vertrautesten Diener, der ebenso nichtswürdig wie sein Herr war.

Eines Tages spielten die beiden Kinder in der Nähe des tiefen Burgbrunnens und pflückten dort Marienblümchen. Der Diener schlich heran, und in einem unbeobachteten Moment ergriff er sie und warf sie in den Brunnen, wo sie elendig ertranken. Dann hieß es allgemein, es wäre ein schrecklicher Unfall gewesen.

Doch ihre unglückliche Mutter ahnte den wahren Sachverhalt und zweifelte diese Version des Geschehens in Gesprächen immer wieder an. Um Ruhe vor ihr zu haben, erklärte ihr Schwager sie für gemütskrank und ließ sie in ein Kloster bei Nörten stecken, wo sie alsbald ihrem namenlosen Schmerz erlag.

Ungerührt übernahm er die Herrschaft, doch insgeheim fürchtete er die Rückkehr des Bruders. So sandte er schließlich seinen ruchlosen

Vertrauten und einen weiteren Diener auf unterschiedlichen Wegen ins Heilige Land, um dort Otto zu ermorden. Dieser zweite Mann war Otto jedoch heimlich treu ergeben. Ohne Rast und Ruhe eilte er nach Jerusalem, wo er seinen Herrn wohlbehalten beim Kreuzfahrerheer vorfand. Sogleich berichtete er ihm von den Schandtaten des Bruders, und man sagt, vor Schreck seien Ottos pechschwarze Haare über Nacht schneeweiß geworden.

Doch er fasste sich bald, nahm seinen Abschied und kehrte mit dem getreuen Diener auf dem schnellsten Wege in die Heimat zurück. Es war an einem trüben Abend, als er in Pilgerkleider gehüllt und unkenntlich durch die tiefen Gramesfurchen und einen langen, weißen Bart in der Nähe der Burg ankam.

Trompetenklänge und lauter Jubel drangen zu ihm und schnitten ihm tief ins Herz. Er ließ seinen Diener zurück und wanderte zum Burgtor. Die Wachen erkannten ihn nicht und ließen ihn passieren, denn er gab sich als fahrender Sänger aus. Auf dem Burghof angekommen, sah er, dass sein Bruder Hochzeit hielt mit einem Fräulein von Wohldenberg. Zahlreiche Gäste waren zum Festmahl versammelt. Der fahrende Sänger wurde aufgefordert, ein passendes Lied vorzutragen.

Die Braut kredenzte ihm einen Becher Wein, den Otto dankend annahm, dann stellte er sich in Positur und sang ein Lied von einem Kreuzfahrer, der unter Gottfried von Bouillon gegen die Sarazenen kämpfte. Er sang von dem treulosen Bruder, der Frau und Kinder des Ritters ermorden ließ und von der Rache des Himmels, die den Mörder schließlich ereilte und ihn und sein ganzes Haus vernichtete. Dann zog er sich eilig in die ihm angewiesene Kammer zurück.

Vergeblich griff der verbrecherische Bruder zum Becher, um mit dem Wein die Höllenfeuer in seinem Herzen zu löschen, vergeblich forderte er die Gäste zu Frohsinn und Heiterkeit auf. Betretene Stimmung machte sich breit, und eilig traten die Gäste den Heimweg an. Schon bald lagen alle Burgbewohner in tiefem Schlaf.

Um Mitternacht verließ Otto sein Lager und schlich zum Schlafgemach des jungen Paares. Von Rache getrieben stieß er der jungen Frau sein Schwert ins Herz. Verfolgt von seinem erwachten Bruder ergriff er eine Fackel und setzte das Haus in Flammen. Während der Brand rasch die ganze Burg ergriff, stürzte er sich voller Verzweiflung in den Brunnen, um dort seinen Söhnen in den Tod zu folgen.

Sein jüngerer Bruder sah sich um, erkannte, dass alles verloren war und stürzte ihm hinterher.

Dies geschah in der Nacht vom 9. auf den 10. August. Seit jener unglücklichen Mitternachtsstunde sieht man alljährlich in dieser Nacht die beiden Brüder, verwandelt in weiße Hirsche, aus dem Burgbrunnen emporkommen. Sie verfolgen sich dreimal um den Berg und verschwinden dann wieder.

Die beiden Kinder aber sind in zwei weiße Enten verwandelt, die von Zeit zu Zeit unten in Mariaspring zum Vorschein kommen.

Die Bewohner von Burgen waren ohne eine eigene Grundversorgung mit Lebensmitteln nicht überlebensfähig, deshalb entstand in aller Regel etwa zeitgleich ein Dorf in möglichst großer Nähe. Da die Entstehung von Städten mangels einer Gründungsurkunde häufig im Dunkel der Geschichte liegt, wurde dieser Vorgang auch gern auf ihre Gründung übertragen.

Wie Osterode entstand

Zu der Zeit, als die Stadt noch nicht existierte, stand schon die Burg Osterode auf einem Bergsporn des Butterbergs. Dort lebte ein Graf, dessen Jäger regelmäßig am heutigen Marktplatz vorbeiritt. Der sah nun stets ein betendes Männlein auf einem Stein sitzen. Nach einer Weile informierte er den Grafen über diese merkwürdige Erscheinung.

Der Graf ließ sich den Platz zeigen und sah selbst den kleinen Mann. Beeindruckt beschloss er, dort ein Bethaus zu errichten. So entstand mitten im Wald die heutige Marktkirche. Nach und nach siedelten sich Menschen in ihrer Umgebung an, und so entstand die Stadt Osterode.

Die in der Sage erwähnte Burg stammt aller Wahrscheinlichkeit nach aus der ersten Hälfte des 12. Jahrhunderts. Sie hatte im Laufe der Zeit verschiedene Besitzer und verfiel im 16. Jahrhundert zur Ruine. Heute ist nur noch eine Hälfte des Bergfrieds übrig. Schon Heinrich Heine war auf seiner Harzreise von diesem Anblick beeindruckt. »Ehe ich die Landstraße einschlug, bestieg ich die Trümmer der uralten Osteroder Burg. Sie bestehen nur noch aus der Hälfte eines großen, dickmaurigen, wie von Krebsschäden angefressenen Thurms.«

Über die Zerstörung der Burg sind verschiedene Versionen im Umlauf. Mal ist ein Herr von Harzburg, mal ein Herr von Herzberg, mal ein namentlich unbekannter Ritter der Böse. Aber immer geht es um eine standfeste, junge Frau.

Die Osterjungfrau von Osterode

Der letzte Herr von Osterode hatte keinen Sohn, doch eine Tochter von wundervoller Schönheit. Im Laufe der Zeit kamen viele Ritter und warben um ihre Hand, doch sie alle waren der jungen Frau zu wild und ungestüm. Als nun der Vater starb, war sie noch immer unverheiratet und lebte, beschützt von einem alten Knappen, allein auf der Burg.

Gerhard von Harzburg, der bereits einmal abgewiesen worden war, witterte eine Chance und warb erneut um die junge Waise. Lieber ginge sie ins Kloster als ihn zu heiraten, war die kühle Antwort der jungen Burgherrin. So musste er ohne Hoffnung auf eine Hochzeit wieder abziehen.

Ergrimmt schwor er Rache und beschloss, die Burg samt ihren Bewohnern zu vernichten. Ein Zauberer im Morgenlande hatte ihn in den Höllenkünsten unterwiesen. So gelang es ihm, mit seinen Leuten in die Burg einzudringen und sie zu zerstören. Die junge Frau nahm er dabei gefangen und verwünschte sie. Seitdem sitzt sie als schwarzer Hund tief unter der Burg in einer Höhle.

»Nur einmal im Jahr, am ersten Ostertag, darfst du als Jungfrau in deiner natürlichen Gestalt unter die Menschen gehen! Dieser Bann soll währen, bis der erstgeborene, reine Sohn einer ganz keuschen Mutter dir begegnet, dir folgt in deine finstere Stätte und dich, wenn du wieder in deine Hundsgestalt verwandelt bist, ohne Zagen an die glühende Kette legt«, sprach der Ritter und verschwand.

Die Leute wissen nun zu sagen, dass der grimmige Zauberer für seine böse Tat keine Ruhe finden kann und sein Geist jeden Freitag durch die Burgruine wandert. Die Verzauberte aber kommt einmal jährlich, immer am Ostersonntag, aus ihrer Höhle. Dann erscheint sie, überaus schön, in schneeweißen Gewändern, schreitet langsam vor Sonnenaufgang zum Bach, wäscht sich und wartet auf Erlösung. Viele Menschen haben sie schon gesehen. Manch einer hat Geschenke von ihr bekommen, denn ihre Reichtümer sind mit ihr in die Höhle gebannt. Aber es hat noch keiner mit ihr durch die eiserne Tür kommen können, die ihr Gewölbe verschließt.

Im Hochmittelalter entstanden zahlreiche Dörfer, die später aus verschiedenen Gründen wieder aufgegeben wurden. Man spricht dann von Wüstungen. Die Erinnerung an diese verschwundenen Orte blieb oft lange lebendig. Und natürlich wurde über den Grund für den Untergang fantasievoll spekuliert.

Rosenthal

Zwischen Westerode und Nesselröden stand vor Jahrhunderten das Dorf Rosenthal. Gelegen am Euzenberge in einer tiefen Talsenke, war es von Heckenrosen umgeben, die im Sommer prächtig blühten. Davon hatte es auch seinen Namen.

Lange Zeit hatten die Menschen mit dem täglichen Überleben zu kämpfen. Sie bestellten ihre Äcker, hüteten ihr Vieh, lebten gottesfürchtig und gingen sonntags in die Kirche. Nach und nach kamen sie zu bescheidenem Wohlstand, der jedoch weckte die Gier nach mehr. Sie mieden an Sonn- und Festtagen den Gottesdienst und waren stattdessen von früh bis spät bei der Feldarbeit. War diese getan, so liefen nicht nur die Männer, sondern auch die Frauen ins Wirtshaus, wo sie bis zum nächsten Morgengrauen lautstark feierten. Sie trieben es so toll, dass die Bewohner der umliegenden Dörfer mit den Rosenthalern nichts mehr zu tun haben wollten. Nur eine Familie machte eine rühmliche Ausnahme und hielt sich an die Sonntagsruhe mit ihrem Kirchgang.

Eines Sonntags während der Erntezeit trieben es die Rosenthaler nach ihrer Art. Bei Tag war eine furchtbare Hitze gewesen und noch um Mitternacht war es entsetzlich schwül. Aus dem Wirtshaus klang noch immer lauter Lärm.

Da brach plötzlich ein Unwetter los. Ein gewaltiger Wolkenbruch ging nieder und machte den Talkessel zu einem See. Die wilde Flut riss das Erdreich des Euzenberges auf, das schmutzige Wasser überflutete das Dorf und setzte die Häuser unter Schlamm. Die Massen kamen so schnell, dass das ganze Wirtshaus mit allen, die darin feierten, unter dem Schlamm begraben wurde. Und bei Tagesanbruch war nichts mehr von dem Dorf zu sehen.

Nur die eine, gottesfürchtige Familie überlebte die Katastrophe, denn sie war zu einer Taufe in Seulingen gewesen, als das Unglück geschah. Sie zog dann nach Westerode. Die untergegangenen Familien hatten Verwandte in Westerode, Werxhausen und Duderstadt. Diese Verwandten übernahmen den Grundbesitz, die »Rosenthaler Erbschaft«. Doch gesiedelt hat dort niemand mehr.

Die Erzählung über den Untergang von Sodom und Gomorrha aus dem Alten Testament stand hier wohl Pate. Häufig finden sich auch Geschichten, in denen die Pest oder Kriege dafür verantwortlich gemacht wurden, dass Dörfer von der Landkarte verschwanden. Die Wahrheit ist oft sehr unspektakulär: ausgelaugte Böden, Wassermangel, Landflucht in die Städte oder auch fehlende männliche Erben konnten zu einer schleichenden Aufgabe einer Siedlung führen. Aber die Sage bevorzugt das einmalige Ereignis.

Wie das Dorf Elbingen zerstört wurde

Südwestlich von Scheden lag in früheren Zeiten das Dorf Elbingen. Im September 1805 marschierte Bernadotte mit der französischen Armee durch die Gegend Richtung Austerlitz, da kam das Heer auch an Elbingen vorbei. Das Dorf bekam Einquartierung und hatte schwer zu leiden, denn die Franzosen nahmen alles Vieh und Getreide fort, und forderten viel mehr als die hungernden Menschen heranschaffen konnten.

Als das Heer weiterziehen sollte, wurde zum Sammeln geblasen, und aus allen Häusern eilten die Soldaten zum Dorfplatz. Da saß eine alte Frau am offenen Fenster und nähte. Ein Soldat blickte hinein und sah etwas, das er noch haben wollte. Er griff an das Fensterbrett und wollte sich durch das Fenster in die Stube schwingen. Schnell griff die Frau ihre metallene Elle und schlug dem Soldaten damit so kräftig auf die Finger, dass er schreiend losließ und das Stehlen vergaß.

Die abziehenden Kameraden verspotteten und hänselten ihn. Der ballte drohend seine Faust gegen die Frau und das ganze Dorf. Dann eilte er zu seinem Hauptmann und wusste die

Geschichte so zu erzählen, dass er das unschuldige Opfer eines hinterlistigen Überfalls war. Der Hauptmann beschloss, ein Exempel zu statuieren und das ganze Dorf büßen zu lassen. Er kommandierte eine Reihe Soldaten als Brandkommando ab. Sie trieben die Bewohner aus dem Dorfe und töteten die, die nicht schnell genug weglaufen konnten. Dann fackelten sie die Häuser ab und machten das Dorf dem Erdboden gleich. Erst als nur noch wenige Trümmer rauchten, zogen die Soldaten ihren Kameraden hinterher. Die wenigen Überlebenden kehrten niemals zurück.

Erdfälle und Quellen

Zwischen Südharzrand und Leinetal lagern zahlreiche Gipslinsen in bzw. auf Buntsandstein und werden von Kalkstein überdeckt. Nur der Gips ist wasserlöslich und wird vom Grundwasser ausgewaschen. Ist die Kalksteinschicht sehr dünn und der Hohlraum sehr groß, kracht die Kalksteindecke aufgrund ihres Eigengewichts zusammen. Es entsteht ein Erdfall. Um sich dieses Phänomen zu erklären, griffen die Menschen in früheren Zeiten zu weit verbreiteten Sagenmotiven, deren Ursprung sich nicht mehr feststellen lässt.

Der Billingshäuser Ochsenpfuhl

Vor vielen Jahrhunderten beackerte ein Bauer mit seinen Ochsen sein Feld, während alle anderen Bewohner von Billingshausen auf dem sonntäglichen Kirchgang waren. Zur Strafe für diesen Frevel öffnete sich der Boden unter seinen Füßen und riss ihn mitsamt seinem Pflug und den Ochsen für ewige Zeiten in die gähnende Tiefe.

Früher wurde im allgemeinen Sprachgebrauch nicht klar zwischen Brunnen, Quelle und Pfuhl unterschieden. So findet sich das Motiv vom »Versinken« auch in der Version, dass ein böser Mensch ins Wasser stürzt und darin umkommt.

Der Brüllborn bei Renshausen

Wenn man von Renshausen Richtung Gillersheim geht, kommt man zur Vietsmühle, einer kleinen Wassermühle. Geht man von dort nach Norden in den Wald, kommt man bald an die Quelle, die Brüllborn heißt, weil einmal ein brüllender Stier in ihr versunken ist. Die kleine Wasserfläche ist fast immer von Pflanzen überwuchert, und wenn man nicht aufpasst, fällt man in unergründliche Tiefen.

Während des Dreißigjährigen Krieges kam ein Soldat auf den Hof der Mühle geritten. Die Müllersfrau war allein zu Hause. Der Soldat herrschte sie an und verlangte allerlei Geflügel. Er drohte, sie zu erstechen, wenn sie das Verlangte nicht sofort heranschaffte. Die Frau schwor bei Gott, dass nichts vorhanden sei, weil schon früher Soldaten alles Vieh geholt hätten.

Nun warf der Soldat die Frau zu Boden und versuchte, sie zu fesseln und zu knebeln, doch es gelang ihr, einen gellenden Hilfeschrei auszustoßen. Den hörte ihr Mann, der gerade aus dem Wald zurückkam. Erbost drosch er mit seinem Knotenstock auf den Soldaten ein, löste hastig die Fesseln seiner Frau und riss sie mit sich, an der Quelle vorbei und in den Wald hinein.

Der Soldat raffte sich auf, warf sich aufs Pferd und gab ihm die Sporen, um die Flüchtigen einzuholen. Und da er die grün überwucherte Wasserfläche für Gras hielt, ritt er direkt in sein Verderben hinein. Pferd und Reiter versanken in der grundlosen Tiefe auf Nimmerwiedersehen. Manche Leute, die später am Brüllborn vorbeigingen, waren sicher, das Fluchen des Soldaten und das Klirren seiner Waffen zu hören.

In Pöhlde wurde der Sage nach gleich die komplette Mühle eines geizigen Müllers vom grünen Sumpf verschluckt. Dort soll man das Klappern der Mühle aus dem Untergrund hören.

Wasser ist aber nicht nur zerstörerisch, es ist auch lebensspendend. Davon zeugen zahlreiche Hinweise auf sogenannte Kinderbrunnen. Erst die Sammler Schambach und Müller fassten die Belege zu einer »Sage« zusammen.

Kinderbrunnen

Es ist ein sehr verbreiteter Glaube, dass die neugeborenen Kinder aus Brunnen oder Teichen kommen, und an sehr vielen Orten finden sich Brunnen oder Teiche, von denen das erzählt wird.

Solche Kinderbrunnen sind der Molkenborn bei Hann. Münden, der Weeneborn bei Ballenhausen, der Kinderpump bei Sennickerode, der

Rischenborn bei Gelliehausen, der Haselborn bei Groß Lengden, der Klingeborn bei Diemarden, der Jühnborn bei Waake, das Hirtenbrünnlein bei Roringen, der Reinsbrunnen in Göttingen, der Glockensumpf bei Grone und der Kuhbekesborn bei Adelebsen.

In Holzerode kommen die Kinder aus dem Glockenborn, aber auch aus dem Rattenstein, einem Felsen mit einer kleinen Höhle. Zwischen der Historischen Spinnerei Gartetal bei Klein Lengden und dem Eichenkrug befindet sich eine Quelle, deren Wasser der nahen Garte zuströmt. Aus dieser Quelle holt eine Wasserjungfer die neugeborenen Kinder und bringt zugleich den älteren Kindern Geschenke mit.

In Herzberg gab es wie in Billingshausen einen Ochsenpfuhl. Hier war die Entstehung keine Strafe für einen Frevel, sondern das Ergebnis einer wilden Stierattacke. Er wurde um 1860 trockengelegt.

Der Ochsenpfuhl in Herzberg

Früher war der Ochsenpfuhl eine Wiese, auf der die Kuhhirten zu Pfingsten ihre Herden zusammentrieben. Dort mussten die Ochsen einen Zweikampf ausführen. Der Gewinner wurde bekränzt, sein Hirt erhielt ein Geschenk für seine gute Pflege des Tieres. Bei einem solchen

Kampf soll ein Ochse sehr böse geworden sein. Er wühlte mit seinen Hörnern den Boden auf. Da schoss ein starker Wasserstrahl aus dem Boden und bedeckte die ganze Wiese. Die so entstandene Wasserfläche nannte man deshalb den Ochsenpfuhl.

Eine konstante Wasserfläche ohne erkennbaren Zufluss oder Abfluss übt eine gewisse Faszination auf den Betrachter aus. In einem frühen Reiseführer mutmaßte der Arzt und Apotheker Behrens bereits 1703, dass der Herzberger Ochsenpfuhl einen unterirdischen Abfluss hätte, der dann als Rhumequelle wieder zum Vorschein käme. Andere Autoren vermuteten diesen Zusammenhang mit dem Weingartenloch bei Osterhagen.

Zusammen mit den unverständlichen Namen »Römersteine« und »Nüxei« entstand in der romantischen Heimatdichtung eine fantasievolle Geschichte über die Nixe Ruma als Namensgeberin der Rhumequelle bei Rhumspringe.

Romar und Ruma

Einst lebte am Südharzrand ein mächtiges Riesengeschlecht. Ihr einziger Feind war der Berggeist, deshalb hatten sie sich eine Burg zum Schutz errichtet. Einer der Riesen, Romar war sein Name, zog gern durch die benachbarten Wälder, um einen Hirsch oder Eber zu erjagen. Bei einem dieser Ausflüge entdeckte er ein wunderhübsches Mädchen. Ihre Herzen fanden sich, doch stand die Liebe unter keinem guten Stern, denn Ruma war eine Nixe und ausgerechnet die Tochter dieses Berggeistes.

Ruma lebte in einem Teich, der hieß deshalb Nixei oder Nüxei. Doch da sie das Lieblingskind ihres Vaters war, entschloss sie sich, dem Berggeist ihre Liebe zu gestehen und darauf zu vertrauen, dass er sie billigen werde. Zögernd stimmte Romar dem Plan zu. Da der Berggeist aber wegen eines Krieges abwesend war, und niemand wusste, wann er wiederkam, schlossen sie insgeheim den Bund fürs Leben. Und schon bald hatte Ruma den ersten Sohn geboren.

Die junge Familie lag ahnungslos schlafend unter einem Baum, als der Vater der Nixe in die Heimat zurückkam und dabei an jenem Baum vorbeikam. Sofort begriff er, was geschehen war, und ein dumpfer Zorneslaut drang über seine vor Wut bebenden Lippen.

Davon geweckt, sprang die Nixe auf und versuchte, den wütenden Vater zu beruhigen. Auch Romar stand auf und bemühte sich, friedenstiftende Worte zu finden. Aber der Berggeist wollte nichts hören und ließ sich auf kein ruhiges

Gespräch ein. Ein Wink von ihm rief Heerscharen von bewaffneten Zwergen herbei, die Mutter und Kind umringten und fortführten, während andere mit ihren Waffen auf Romar eindrangen. Er musste heftig kämpfen, doch es gelang ihm, wenn auch aus zahlreichen Wunden blutend, die heimische Riesenburg zu erreichen. Dort türmte er als zusätzlichen Schutz mächtige Steine auf, die man deshalb Romarsteine (Römersteine) nennt.

Der Berggeist bedrängte seine Tochter nun stündlich, ihrer Liebe abzuschwören, doch sie weigerte sich standhaft. In unbändigem Zorn ergriff er das unschuldige Kind und zerschmetterte es an einem Felsen. Dann schuf er durch einen Wink eine Höhle, bannte seine Tochter darin und ging hohnlachend davon.

So saß die unglückliche Nixe tief im Schoß der Erde und wurde von boshaften Kobolden bewacht. Immer wieder versuchte sie, an anderer Stelle an die Oberfläche zu gelangen. Eine Reihe von Erdfällen zeugt von diesen Versuchen. Doch stets schmetterte der hartherzige Vater sie zurück in die Unterwelt. Sie gab die vergeblichen Versuche endlich auf und weinte über ihr Schicksal, bis sie sich endlich ganz in Tränen aufgelöst hatte. Deshalb nennt man die Höhle das Weingartenloch.

Die Tränen suchten sich ihre Bahn und kamen schließlich als Quelle außerhalb des Reiches ihres Vaters wieder zum Vorschein. Die Quelle und der Fluss, der ihr entspringt, tragen den Namen der Nixe. Oft noch, so sagt man, saß Romar an der Rhumequelle und hielt seine Hand ins Wasser, um so mit seiner Frau zärtlich zu kosen.

Der größte Erdfall der Region ist der Seeburger See zwischen Seeburg und Bernshausen. Er wird nur durch Grundwasser gespeist, seine Größe variiert je nach Wasserstand. Derzeit hat das »Auge des Eichsfeldes«, wie er auch genannt wird, eine Wasserfläche von 86,5 Hektar. Er ist untrennbar mit einer Sagengestalt verbunden, für die es kein historisches Vorbild gibt.

Graf Isang

Vor langer, langer Zeit erhob sich an der Stelle, an welchem jetzt der Seeburger See liegt, ein Hügel, auf dessen Spitze ein prächtiges Schloss stand, das weit in der Gegend sichtbar war. Hier lebte Graf Isang und führte ein wildes, gottloses Leben.

Einmal überfiel er das Kloster im benachbarten Lindau, drang in die geweihten Mauern ein, entführte die schönste der Nonnen, brachte sie auf sein Schloss und zwang sie, ihm zu Willen zu sein. Kaum war das Verbrechen geschehen, da erfuhr er, dass sein Opfer seine bis dahin verborgen gebliebene Schwester war. Da überkamen ihn denn doch Gewissensbisse, und mit reichen Geschenken versehen, ließ er sie zurück in ihr Kloster bringen. Doch bald trieb er es wieder so arg wie zuvor.

Dann geschah es, dass er seinen Diener zum Fischmeister schickte, um einen Aal zu holen. Doch der Fischmeister schickte statt des Aals eine silberweiße Schlange. Isang freute sich sehr, denn er hatte gehört, dass der Genuss einer solchen Schlange Zugang zu allen Geheimnissen und zur Kenntnis der Tiersprache verschaffen würde. Er verbot also bei Todesstrafe, dass jemand sonst davon essen dürfe, und ließ sie von seinem Koch wie einen Aal zubereiten. Dann setzte er sich hin und aß die Schlange. Doch so sehr er auch kaute und schluckte, einen winzigen Rest der Schwanzspitze konnte er nicht mehr aufessen. Der Diener, der die Tafel abdeckte, konnte nicht widerstehen und naschte diesen letzten Rest trotz der angedrohten Strafe.

Als sich der Graf erhob, war ihm ganz wunderlich zu Mute. Der Genuss der Schlange weckte in ihm die Erinnerung an all die ungezählten Freveltaten, die er in der Vergangenheit begangen hatte. Jede Völlerei, jede Ausschweifung, jede schandbare Handlung stand ihm klar und deutlich vor Augen. Ihm war, als würde das Höllenfeuer von ihm Besitz ergreifen. In seiner Not lief er in den Garten, um frische Luft zu schöpfen. Dort fand ihn ein Bote, welchen die Äbtissin des Klosters Lindau zu ihm geschickt hatte. »In der vergangenen Nacht«, so sagte er, »ist Eure Schwester als Folge der Sünde, zu der Ihr sie gezwungen habt, in wildem Wahnsinn gestorben!«

Das fiel dem Grafen schwer auf das Herz und niedergeschmettert und zitternd wankte er im Schlosshof hin und her. Die Hühner, Enten und Gänse um ihn herum schnatterten und sprachen untereinander von dem ruchlosen Frevel des Grafen. Die Spatzen pfiffen es von den Dächern und die Tauben gurrten es in ihrem Schlag.

»Jetzt haben die Sünden des Grafen ein übervolles Maß erreicht«, krähte der Hahn. »Ehe eine Stunde vergeht, werden die starken, prächtigen Türme umfallen und die ganze Burg wird rettungslos in die Tiefe versinken!«

Der Diener, der mit Schrecken die Worte des Hahnes verstanden hatte, lief in den Stall, um das schnellste Pferd des Grafen zu satteln. Doch ehe er sich in den Sattel schwingen konnte, war Isang zur Stelle, schob ihn beiseite und stieg auf. Der Diener klammerte sich an den Schweif des

Pferdes und bat flehentlich, auf der Flucht mitgenommen zu werden. Da krähte der Hahn: »Eile, eile, aber eile alleine.« Und in einer letzten Freveltat spaltete Graf Isang seinem Diener mit einem einzigen Schwerthieb den Kopf.

Die Sonne neigte schon ihren Lauf, da galoppierte er über die Zugbrücke und hielt nicht an, bis er bei Gieboldehausen eine kleine Anhöhe erreichte. Hier hielt er sein schnaubendes Ross an und blickte zitternd und zagend zurück. Noch lag das Schloss im Sonnenglanze, und eben dachte er, es sei alles ein Traum und er könne zurückkehren, da bebte die Erde unter seinen Füßen. Beleuchtet von den letzten Strahlen des Sonnenuntergangs fingen Türme und Mauern an zu wanken. Entsetzt ritt er noch weiter fort und als er sich das nächste Mal umblickte, da war sein Schloss verschwunden. Alles was er sah, war ein riesiger See.

So knapp dem Tode entronnen, begab er sich in das nächstgelegene Kloster, schenkte diesem seine reichen Besitzungen und tat Buße bis an sein Lebensende.

Manchmal, so wird berichtet, finden die Fischer aus Bernshausen noch alte Töpfe aus der Küche des Grafen in ihren Netzen.

Riesen

In der letzten Eiszeit hatte sich das Eis von Norden bis zum Harz ausgebreitet, der nahezu komplett unter einem Eispanzer verschwunden war. Südlich davon war Permafrostboden. Als es langsam wärmer wurde, zog sich das Eis zurück, das Wasser transportierte die Steine aus den Endmoränen der Gletscher ab. So kamen Kies und Löss in das Leinetal. Nur vereinzelt wurden große Findlinge abgelagert. Da sie sich von Menschenhand nicht bewegen ließen, mussten Riesen sie dorthin geschafft haben.

Der Hünenstein bei Rosdorf

Einst lebte ein Riese auf dem Hohen Hagen bei Dransfeld, ein anderer lebte auf der Burg Gleichen bei Gelliehausen. Einmal gerieten sie in Streit, da warf der Hüne von den Gleichen einen Stein nach dem auf dem Hohen Hagen. Doch der Wurf geriet zu kurz, denn der Daumen glitt aus. Der Stein landete zwischen Jühnde und Rosdorf im Großen Leinebusch und man sieht noch den verrutschten Daumenabdruck.

In einer anderen Fassung war der Ablauf genau andersherum, etwas, das bei Wandersagen sehr häufig auftritt.

Der Hüne auf dem Hohen Hagen wollte einst dem Hünen auf den Gleichen ein Fenster im Turm einwerfen. Dazu nahm er einen Stein, der war etwa 45 Zentimeter lang, 30 Zentimeter breit und 15 Zentimeter dick. Doch der Stein entglitt zu früh seiner Hand und erreichte so die Gleichen nicht. Stattdessen fiel er im Leinebusche bei dem Gut Heißenthal nieder. Hier ist er liegen geblieben.

Geologisch gehören große Teile unseres Landkreises in die Tertiärzeit. Darum sind an vielen Stellen Buntsandstein und der darüberliegende Muschelkalk anzutreffen. Wenn durch die Bodenerosion der Kalk abgetragen wurde, entstanden kleine Hügelkuppen, die aus der Fläche emporragen. Auch für ihre Entstehung wurden in der Sage die Riesen verantwortlich gemacht.

Das Riesenfräulein von der Hünenburg

In alten Zeiten wohnten auf der Hünenburg bei Volkmarshausen Riesen. Einst ging die Tochter des Riesen spazieren und wurde von einem Bauern geneckt. Das erzürnte sie so sehr, dass sie Steine und Erde in ihrer Schürze zusammenraffte, um sie auf den Bauern zu werfen. Der Wurf verfehlte den Bauern zu seinem Glück sehr knapp, denn er wäre wohl verschüttet worden.

Das geworfene Material blieb liegen. Das ist der Hügel, der heut der Rohbühl heißt.

Eine häufig anzutreffende Wandersage, um die Existenz eines auffälligen Steinblocks zu erklären, ist die von den backenden Riesenbrüdern. Im Falle von der Bramburg, einer Basaltkuppe bei Adelebsen, und der Plesse bei Bovenden, steht der Ofen in den Varianten mal bei dem einen, mal bei dem anderen. Im Kern sind die beiden Geschichten aber identisch.

Riesen backen gemeinschaftlich

Einst hauste ein Riese auf dem hohen Berge der Plesse und einer hoch oben auf der Bramburg bei Adelebsen. Sie waren Brüder und konnten einander »Guten Morgen« sagen, obwohl das weite Leinetal zwischen ihnen war. Sie lebten brüderlich miteinander und vertrugen sich prächtig. Wenn sie Brot backen wollten, so taten sie das gemeinsam in dem Backofen, der auf der Plesse stand.

Sie hatten einen Tag in der Woche bestimmt, an dem sie backen wollten. Und wenn alles vorbereitet und der Ofen heiß war, dann kratzte der Plesser Riese einige Male mit dem Troghaken im Backtrog. Das hörte sein Bruder, schulterte seinen Brotteig und stieg mit ein paar Riesenschritten über Berg und Tal zur Plesse. Dort wurden die Riesenbrote in den Riesenbackofen geschoben und gebacken. Die Brüder plauderten in der Zwischenzeit über dieses und jenes, und wenn die Brote fertig waren, schulterte der Bramburger seinen Anteil und stieg wieder heim.

Einmal aber gerieten sie in Streit, und das kam so: Früh morgens am Backtag lag der Bramburger noch im tiefen Schlafe. Da hörte er das Kratzen und schreckte hoch. Eilig mischte er seinen Teig zusammen und lief so schnell er konnte hinüber zur Plesse. Da fand er den Backofen kalt und seinen Bruder schlafend vor. Er weckte ihn auf und fragte, was los sei.

Der Plesser war ganz verwundert und meinte, er hätte sich vielleicht im Schlafe die Rippen gekratzt. Dann lachte er schallend darüber, dass sein Bruder das für das Kratzen im Backtrog gehalten hatte. Der Bramburger ärgerte sich, dass er ausgelacht wurde. So gerieten sie in handfesten Streit. Der Bramburger musste flüchten und gelangte heile heim. Der Plesser warf ihm noch einen Stein hinterher. Doch der Wurf war zu kurz, der Stein fiel auf den Blötenberg bei Asche nieder. Da liegt er auf dem Feld. Und die Abdrücke der fünf Riesenfinger sind gut zu erkennen.

Auch das Werkzeug der Riesen spielt in den Wandersagen immer wieder eine Rolle, weil es gern mal an der falschen Stelle landet. Handschuhe kommen allerdings eher selten vor, haben aber in der folgenden Geschichte natürlich ihren guten Grund.

Der Hammerwurf

Auf dem Dransberge bei Dransfeld wohnte ein Hüne. Um seinen Nachbarn auf dem Backenberge bei Güntersen zu erreichen, brauchte er nur drei Schritte. Für ein Menschenkind hingegen wäre das ein Fußmarsch von eineinviertel Stunde.

Einst war der Dransberger beim Backenberger Riesen zu Besuch gewesen und hatte seinen Hammer dort vergessen. Da rief er ihm von seiner Burg zu: »Wirf mir den Hammer herüber.« Die Frau vom Backenberger hörte das, griff den Hammer und warf ihn Richtung Dransberg. Dabei blieb jedoch der Handschuh der Hünin am Hammer hängen und fiel dabei eine halbe Fußstunde Wegs beim Gut Imbshausen in den Bach. Darum nannten die Menschen ihn den »Handschuhbach« (die Handschenbeke).

Zwerge

Am Südharzrand finden sich nicht nur zahlreiche kleine Erdfälle (Dolinen). Die allerersten Bergleute haben noch keine Schächte abgeteuft, sondern Löcher gegraben, um nach Erz zu suchen. Durch den Erosionsdruck wurden diese in späteren Zeiten so zusammengedrückt, dass erwachsene Menschen nicht mehr hineinkriechen konnten. Da man aber die Bergbauspuren sah, waren in der Fantasie früherer Generationen Zwerge dafür verantwortlich, die im Untergrund lebten. Manchmal waren sie den Menschen freundlich gesinnt, oft aber haben sie ihnen geschadet.

Der Abzug des Zwergenvolks über die Brücke

Die kleinen Höhlen in den Felsen, welche man auf der Südseite des Harzes findet, und die größtenteils so niedrig sind, dass erwachsene Menschen nur hineinkriechen können, waren einst von Zwergen bewohnt und heißen nach ihnen noch jetzt Zwergenlöcher.

Zwischen Walkenried und Neuhof hatten einst die Zwerge zwei Königreiche. Ein Bewohner jener Gegend merkte einmal, dass seine Feldfrüchte immer wieder geraubt wurden. Schließlich gelang es ihm, einige diebische Zwerge auf frischer Tat zu fangen. Zitternd bekannten sie ihre Tat und sagten, nur die äußerste Not zwänge sie dazu. Die Nachricht von den gefangenen Zwergen brachte die ganze Region in Aufruhr.

Das Zwergenvolk hörte natürlich auch davon und sandte Abgeordnete, um mit den Menschen über die Freilassung ihrer Brüder zu verhandeln. Sie waren bereit, ein Lösegeld zu bezahlen und dann das Land auf immer zu verlassen.

Darauf einigte man sich, doch über die Art des Abzugs entstand neuer Streit. Die Menschen wollten die Zwerge nicht mit allen Schätzen fortziehen lassen, die Zwerge hingegen wollten beim Abzug nicht gesehen werden und sich vorher unsichtbar machen.

Endlich kam man überein, dass die Zwerge über eine schmale Brücke bei Neuhof fortwandern sollten. Die Menschen stellten ein Gefäß dorthin, und jeder Zwerg versprach, einen Teil seines Schatzes als Ablösung in das Gefäß zu werfen. Die Menschen wiederum versprachen, ihnen dabei nicht zuzusehen.

Dies geschah, doch einige Neugierige hatten sich unter der Brücke versteckt, um den Zug der Zwerge wenigstens zu hören. Und so hörten sie viele Stunden lang das Getrappel der kleinen Füße über ihren Köpfen. Seit dieser letzten großen Auswanderung lassen sich nur noch vereinzelte Zwerge in der Gegend sehen.

Auch am benachbarten Sachsenstein gab es Zwerge, die manchmal recht rabiat mit den Menschen umgingen.

Die Zwerge im Sachsenstein

Früher war der Weg von Bad Sachsa nach Walkenried, der am Sachsenstein vorbeiführt, sehr verrufen. Niemand ging dort gerne entlang. Besonders wenn es dunkel wurde, war es dort sehr gefährlich. Weil die Zwerge Tarnkappen trugen, konnte sie niemand sehen. Einmal haben die Zwerge eine Frau aus Walkenried ergriffen und lange festgehalten. Ein anderes Mal stahlen sie dem Bäcker das Brot. Ein Mädchen riet ihm, Kümmel mit einzubacken, den könnten die Zwerge nicht vertragen. Der Tipp war erfolgreich, aber die Zwerge rächten sich, nahmen das Mädchen gefangen und misshandelten es fürchterlich.

Im Harz wurde nicht nur Bergbau betrieben, die Erze wurden auch verhüttet. Dafür musste Blei verwendet werden. Die Bleivergiftungen führten oft zu Missbildungen bei Neugeborenen, die häufig auch zu früh zur Welt kamen und im Vergleich zu gesunden Kindern zu klein waren. Auch hierfür wurden die Zwerge verantwortlich gemacht. Die Wandersage wurde nicht nur vom Sachsenstein erzählt, sie ist weit in der Region verbreitet. Sie findet sich so ähnlich in Wollershausen, in Wulften am Harz, in Elliehausen, in Hattorf am Harz, in Obernfeld, in Osterode am Harz, in Schwiegershausen und in Benniehausen.

Die Zwergin als Hebamme

Die Zwergenfrauen waren hervorragende Hebammen und kamen oft, um den Menschenfrauen beizustehen. Dafür erhielten sie von den dankbaren Müttern das eine oder andere Geschenk. Manchmal kam es jedoch vor, dass ihnen das Geschenk nicht gefiel, oder dass die Frauen ihnen nichts geben konnten. Dann kehrten sie in der Nacht heimlich zurück und wechselten das Menschenkind in der Wiege gegen ihr Zwergenkind aus. Deshalb nannten die Leute es »Wechselbalg«.

Wer den Zwergen hilft, kann aber durchaus auch ihre Hilfe erwarten. Er muss sich aber dabei genau an ihre Anweisungen halten.

Die dankbaren Zwerge

Einst arbeiteten Maurer im Steinbruch am Sachsenstein. Abends kamen Zwerge vorbei. Da sie ihre Tarnkappen in der Hand hielten, konnten die Männer sie sehen. Die Zwerge sagten ihnen, sie sollten ihr Werkzeug dalassen und nach Hause gehen, sie selbst würden sich um den Rest kümmern. Als

Lohn sollten sie ihnen am nächsten Tag Brot mitbringen, die Arbeit sei bis dahin getan.

Die Männer folgten der Anweisung, kehrten am nächsten Tag zurück und legten das Brot vor den Sachsenstein. Dann gingen sie in den Steinbruch, dort lagen die frisch gebrochenen Steine neben ihrem Werkzeug. Also luden sie die Steine auf den Wagen. Und der Wagen wurde voll, ja es blieben sogar noch Steine übrig.

Dankbare Zwerge findet man auch in Tiftlingerode, wo sie spielende Kinder mit Gold beschenken. In Ballenhausen findet ein Schuster, der einem hungrigen Zwerg Brot gegeben hatte, jeden Morgen ein fertiges Paar Schuhe vor der Tür. Und in Hann. Münden bekommt ein hilfsbereiter Fährmann zunächst Pferdedung, der sich bei näherem Hinsehen als Gold entpuppt.

Die Welt der Zwerge ist in den Sagen eine unterirdische Miniaturausgabe der Oberwelt. Gelegentlich bekommen Menschen die Chance, einen Blick hineinzuwerfen.

Das Fest der Zwerge

Die Zwerge des Sachsensteins feierten auch ihre Feste. Und häufig hörte man lustige Musik aus dem Berg schallen. Einmal ging ein Schäfer dort vorbei. Er wunderte sich, wo die Musik herkam, und stocherte mit seinem Schäferstock in dem Zwergenloch herum. Da lugte einer der Musikanten heraus und lud ihn ein, mit ihnen zu feiern. Er folgte dem Zwerg und nahm an dem Fest teil. Später kam er auch ganz unversehrt wieder heraus.

Zwergenlöcher gibt es auch bei Bad Grund. Zusammen mit einer benachbarten Höhle wird aus dem Hübichenstein, einem steilen Kalkfelsen, der Hausberg von Zwerg Hübich. Es war wohl Georg Schulze, der von 1842–1863 als Pfarrer in Altenau arbeitete, der die mündliche Überlieferung literarisch überformte und populär machte. Seine Geschichten wiederum wurden vielfach in unterschiedlichstem Stil nacherzählt.

In der ersten Erzählung geht es um einen vorwitzigen Jugendlichen, dessen Mutprobe gründlich schief geht.

Der Förstersohn auf dem Hübichenstein

Vor alten Zeiten lebte in Bad Grund ein betagter Förster. Er hatte seine Frau früh verloren und wohnte mit seinem einzigen Sohn zusammen im Forsthaus. Der war eigentlich ein braver Bursche, gelegentlich aber doch etwas vorlaut, wie die Jugend nun einmal so ist.

Einmal ging der Förstersohn mit seinen Freunden in den Wald. Als sie an den Hübichenstein kamen, meinte einer, den wollte er sehen, der da hinaufklettern könne. Da sagte der Förstersohn großspurig, dass das nicht schwierig sei, er wolle das wohl machen. Ein dritter wusste, dass, wer hinaufstieg, sich oben nicht mehr bewegen könne und am nächsten Morgen zerschmettert am Fuße der Klippe liegen würde. Er solle das um Himmels Willen nicht tun.

Der Förstersohn aber lachte über diesen Aberglauben, und je mehr sie ihn baten, es nicht zu tun, desto störrischer wurde er. »Jetzt erst recht«, sagte er und kletterte behände nach oben. Von oben lachte er seine Freunde aus und meinte, sie sähen aus wie Zwerge. So stand er eine ganze Weile und schaute in die Gegend. Da kam ein Sturm auf, darum dachte er sich, es sei besser, wieder hinabzusteigen. Aber er konnte sich nicht rühren, so sehr er es auch versuchte. Seine Freunde konnten ihm auch nicht helfen. Die Zeit verstrich, und bald sollte die Dämmerung kommen.

Da rief der Förstersohn herab: »Schießt mich hinunter, damit ich nicht lebendig abstürzen muss.« Aber das wollte keiner tun. Die Sache hatte sich schnell herumgesprochen und so liefen die Leute aus dem Dorf hinüber, um selbst nachzusehen, was da los sei. Auch der alte Förster ging hin und sah seinen Sohn auf dem Hübichenstein stehen. Auch er konnte ihm nicht helfen und brach verzweifelt und weinend in sich zusammen. Als es dann dunkel wurde, fing es auch noch an zu regnen, keiner mochte bleiben, und mit Gewalt führten sie den gramgebeugten, alten Mann heim in sein Forsthaus.

Wie er so alleine zuhause saß und voller Trübsal aus dem Fenster blickte, sagte er sich: »Ich bin ein geschlagener Mann, so oder so. Dann will ich meinem Sohn die Gnade erweisen und hoffen, dass Gott es mir verzeiht.« Entschlossen nahm er sein bestes Gewehr und machte sich auf den Weg zum Hübichenstein.

Als er aus dem Dorf heraus war, hörte auf einmal der Regen auf, der Mond schien auf den Weg, und es war recht klar. Nur in seinem Herzen war es dunkel, aber weinend und betend stapfte er der hoch aufragenden Klippe entgegen.

Da stand auf einmal ein kleines Männchen mit einem langen, eisgrauen Bart vor ihm und fragte, was er so spät noch im Wald wollte. Der Förster mochte es nicht sagen, aber der Zwerg sprach ihm weiter zu, und schließlich erzählte er ihm bedrückt die ganze Misere. Sein Sohn sei wohl vom Satan verführt worden, denn er hätte ihn doch ganz gottesfürchtig aufgezogen. Und wenn der Junge schon vor dem Alten sterben solle, dann wolle er ihm doch die Gnade erweisen, nicht lebendig abzustürzen.

Das Herzeleid ging dem Männlein sehr nahe, doch plötzlich war es verschwunden. Da stand nun der Förster am Hübichenstein und legte sein Gewehr auf seinen Sohn an. »Schieß nur, damit es ein Ende hat«, rief der hinab. Der Förster wollte abdrücken, aber es flirrte ihm vor den Augen, er hatte kein sicheres Zielen. Auf einmal sprangen tausend kleine Männchen aus dem Gebüsch hervor und bewarfen ihn mit Tannenzapfen und Dornenbüscheln, so dass er nicht schießen konnte. Schließlich musste er vor ihnen flüchten, weil sie es so arg trieben.

Als er fort war, holte das kleine Volk allerlei eiserne Fahrten (so nennen die Bergleute ihre Leitern) herbei und richteten sie am Hübichenstein auf. Jeder hatte ein Grubenlicht aus Messing in der Hand und so wurde es ganz hell. Nur der Alte, der mit dem Förster gesprochen hatte, hatte ein silbernes Grubenlicht in der Hand. Und mit dem stieg er hoch und leuchtete dem Förstersohn in Gesicht.

»Wer hat dir erlaubt, auf meinen Berg zu steigen?«, fragte er ihn. »Eigentlich müsste ich dich hinabstürzen lassen, aber dein alter Vater dauert mich. Darum will ich den Bann lösen.«

Da konnte sich der Bursche wieder bewegen, aber er war zu erschöpft, um selbst hinabzusteigen. Also kamen die Zwerge und trugen ihn nach unten. Dort führte ihn Hübich in seine Höhle und bewirtete ihn, damit er wieder zu Kräften kam. Dann führte er ihn zu einer Braupfanne, die mit Edelsteinen gefüllt war.

»Nun habe ich eine Bitte an dich«, sagte Hübich. »Sag den Menschen, sie sollen mich in Ruhe lassen, denn nur dann kann ich ihnen Gutes tun. Und sie sollen aufhören, auf meinen Berg zu schießen, denn jedes Mal bricht etwas ab. Und wenn der Berg kleiner als sein Nachbar ist, dann bin ich in die Unterwelt gebannt. Willst du mir diese Bitten erfüllen, darfst du dir von diesen Steinen so viel nehmen, wie du nur tragen kannst.«

Der reumütige und dankbare Bursche versprach es und kam nach Sonnenaufgang unversehrt mit seinem Reichtum bei seinem Vater an, der ihn überglücklich in die Arme schloss. Er hielt sein Versprechen und verbot den Leuten, auf den Hübichenstein zu schießen. Von dem Reichtum baute er eine Kirche ins Dorf und hatte doch noch davon so viel übrig, dass er keine Not leiden musste. Aber lange nach seinem Tod kam ein Krieg und die Soldaten schossen die Spitze vom Hübichenstein ab. Und danach hat den Zwergenkönig niemand mehr gesehen.

In der zweiten Geschichte geht um ein Geschenk, das der Zwergenkönig Hübich einer armen, rechtschaffenen Frau macht. Diese Art Geschenk wird im Harz sonst häufig vom Bergmönch verteilt.

Der silberne Tannenzapfen

Vor langer, langer Zeit wohnte ein Bergmann in Bad Grund, der hatte einen silbernen Tannenzapfen in der Stube stehen. Und wenn man ihn fragte, woher der sei, dann erzählte er von seinem Urgroßvater. Der war auch Bergmann gewesen und einmal viele Wochen krank gewesen. Damals gab es noch keinen Gnadenlohn, und so musste er mit seiner Frau und den sieben Kinder hungern. Darum beschloss die Frau, in den Wald zu gehen und Tannenzapfen zu sammeln. Dafür konnte sie ein wenig Geld bekommen und den Kindern Brot kaufen.

Auf dem Weg in den Wald wurde ihr die schwierige Situation so recht bewusst, weinend setzte sie sich nieder und hielt sich die Hände vors Gesicht. Aber nach einer Weile riss sie sich zusammen und sagte sich, dass Tannenzapfensammeln immer noch besser sei, als Betteln zu gehen. Und als sie hochsah, stand vor ihr Zwerg Hübich und fragte, was los sei. Sie zierte sich erst ein wenig, aber dann erzählte sie, wie es zuhause stand. Da sagte er ihr, sie solle nur zum

Hübichenstein gehen, da wären die besten Tannenzapfen. Dann war er verschwunden.

Die Frau folgte dem Rat und als sie anfing zu sammeln, da flogen ihr von allen Seiten Tannenzapfen um die Ohren. Voller Panik setzte sie ihre Kiepe wieder auf den Rücken und flüchtete. Aber die Tannenzapfen flogen ihr hinterher und ganz von alleine in ihre Kiepe, so dass die Last immer schwerer wurde. Als sie zuhause die Kiepe auskippte, fielen lauter silberne Tannenzapfen heraus. Das war ihr nicht geheuer, sie hatte Angst, dass der Reichtum vom Teufel käme. Aber als sie es mit ihrem Mann besprach, war dieser ganz sicher, dass das Männlein der Hübich und nicht der Teufel gewesen sei.

Also ging sie am nächsten Tag zur selben Zeit wieder zum Hübichenstein, um sich bei dem Zwergenkönig zu bedanken. Tatsächlich kam der Zwerg, aber er wollte vom Dank nichts wissen. Und diesmal gab er ihr einige Kräuter für einen heilenden Trank. Davon ist der Mann schnell gesund geworden und hat wieder arbeiten können. Das Silber haben sie in die Münze gebracht, die Not hatte ein Ende, und sie konnten vielen anderen Armen Gutes tun. Nur den einen silbernen Tannenzapfen, den haben sie zum Andenken behalten.

Fährt man vom Harzrand weiter nach Süden, kommt man in einen Bereich, in dem auch Acker- bzw. Gartenbau möglich war. So wundert es nicht, dass die Zwerge auch für Feldschäden verantwortlich gemacht wurden. Offensichtlich hatten sie eine Vorliebe für Erbsen – eine wichtige Eiweißquelle für die Menschen, die sich Fleisch kaum leisten konnten. Darum wird davon erzählt, wie die Zwerge sich diebisch über die Erbsenfelder hermachten. Nahezu identische Geschichten findet man in Bilshausen, Elliehausen, Sieber, Osterode am Harz, Dorste, in Riefensbeek-Kamschlacken, Meensen, Seeburg und Waake.

Die Zwerge von der Jettenhöhle

Ein Bauer aus Hörden hatte ein Erbsenfeld in der Nähe der Jettenhöhle. Die Zwerge zertraten ihm das Feld und stahlen immer wieder die Früchte. Und da sie Tarnkappen trugen, konnte er sie nicht erwischen. Da gab ihm ein Nachbar den Rat, mit einem Stock knapp über dem Boden entlangzuschlagen. Dann würde er wohl einem Zwerg die Kappe herunterschlagen und könnte ihn fangen.

Der Bauer folgte dem Rat. Und tatsächlich gelang es ihm, einen alten Zwerg zu fangen. Der hatte einen Sack, gefüllt mit Erbsenschoten, dabei. Zornig wollte er auf ihn einschlagen, doch der Zwerg bat und bettelte, er möchte ihn verschonen.

Am nächsten Tag solle der Bauer wiederkommen. Dann würde er den Schaden begleichen.

Der Bauer ließ sich erweichen und der Zwerg durfte gehen. Am nächsten Morgen kehrte er zurück und fand einen Sack, randvoll mit alten Eisenstücken. Er murrte und fühlte sich betrogen, aber dann dachte er, er könne das Eisen zumindest an einen Altwarenhändler verkaufen. Also schleppte er den Sack heim. Und als er ihn dort öffnete, fand er statt Eisen lauter Gold.

Dass die Zwerge Schätze hüten, ist ebenfalls ein weit verbreitetes Wandermotiv. Im 18. Jahrhundert ließ sich Otto Bernhard Verdion davon inspirieren, verband es mit der Beschreibung des sagenhaft tiefen Burgbrunnens auf der Burg Plesse und machte ihn zum Eingang in die Unterwelt. Auf fünfunddreißig Druckseiten beschreibt er die Abenteuer eines Göttinger Studenten auf der Burg, die damals ein beliebtes Ausflugsziel war. Das war aber nur der Auftakt für einen fast tausend Seiten umfassenden Roman, der seinen Helden über alle Kontinente führte. Die Brüder Grimm entdeckten den Text und kürzten ihn auf eine Seite für ihre »Deutschen Sagen«. Andere Autoren formten den gleichen Text in ein romantisches Märchen um. So wurde die Geschichte in vielen Varianten immer wieder neu erzählt.

Das Stille Volk zu Plesse

Einst kam ein rechtschaffener, junger Mann zum Studium nach Göttingen. Er kümmerte sich wenig um die anderen Studenten und nahm auch nicht an ihren Vergnügungen teil. Da begab es sich, dass der Sohn eines Grafen aus der Heimat des Studenten nach Göttingen kam. Eines Tages besuchte er den Studenten und bat ihn, ihm Geld zu leihen und versprach, es an einem bestimmten Tag zurückzuzahlen. Wohl oder übel gab ihm der Student so viel Geld, wie er entbehren konnte. Der Tag der Rückzahlung nahte, aber der Grafensohn erschien nicht.

Nun hatte der Student selbst Schwierigkeiten. Er packte etwas Brot, ein Buch und sein letztes Geld ein und verließ im Morgengrauen die Stadt, denn er dachte, in einem Dorf ließe es sich billiger leben. So wanderte er ins benachbarte Bovenden, welches damals zu Hessen gehörte. Hier waren zahlreiche Wirtshäuser und überall waren Studenten, die die Nacht durchgefeiert hatten. Also wanderte er weiter am Rauschenwasser entlang und kam schließlich zum Gasthaus »Zum Letzten Heller« in Eddigehausen. Hier kehrte er ermüdet ein und gönnte sich ein karges Frühstück. Da entdeckte er auf dem benachbarten Hügel die imposanten Reste der Burg Plesse und beschloss hinaufzuwandern.

Oben angekommen besichtigte er staunend die zahlreichen Mauerreste und blickte mit leisem Schaudern in den unergründlich tiefen Burgbrunnen. Schließlich legte er sich in der ehemaligen Burgkapelle ins Gras und griff zu seinem Buch. Während er darin las, umfing ihn ein betörender Duft und ehe er sich versah, war er in tiefen Schlaf versunken.

Lautes Krachen schreckte ihn schließlich hoch. Bestürzt dachte er, er sei erblindet, denn ihn umgab tiefste Finsternis. Doch dann brach sich ein Blitz Bahn, lauter Donner toste und er begriff, dass er in ein fürchterliches Unwetter geraten war. Ängstlich sah er sich um, doch die alten Gemäuer hatten keine Dächer mehr und nirgends war ein Unterschlupf zu finden. In seiner Not sank er auf die Knie und schickte ein inbrünstiges Gebet zu Gott, er möge ihn schützen und bewahren.

Da trat zwischen zwei Donnerschlägen unter einem besonders großen Blitz ein winzig-kleines, graues Männchen auf ihn zu und sprach ihn an. »Du bist ein gottesfürchtiger Mann, das gefällt mir wohl. Ich bin der Anführer des Stillen Volks, das hier in der Unterwelt lebt. Wenn Du mir folgst, so bringe ich Dich in Sicherheit«, sagte er, dann drehte er sich um, ohne eine Antwort abzuwarten, und ging davon.

Der Student besann sich nicht lange und folgte dem Zwerg, der ihn zum Burgbrunnen führte. Und wo er am Tag nur tiefste Schwärze zu entdecken gewesen war, war jetzt eine Plattform zu sehen. Der geheimnisvolle Führer bestieg sie, insgeheim doch etwas beklommen folgte ihm der Student. Dann sank die Plattform sanft nach unten. Schließlich hielt sie knapp über dem Wasserspiegel an und die beiden traten in eine kleine Aushöhlung.

»Hier kannst Du bleiben und das Gewitter abwarten. Oder Du kannst mir folgen und mein Reich kennenlernen«, sagte der Zwerg. »Doch Du darfst niemand davon berichten.«

Das versprach der Student und folgte seinem Führer durch enge Klüfte. Der Zwerg konnte dort aufrecht gehen, doch er musste sich sehr bücken und winden, um ihm folgen zu können. Schließlich erreichten sie eine grüne, lichtdurchflutete Wiese, auf der allerlei winzige Häuser standen und zahlreiche Zwerge ihrem Tagewerk nachgingen. Als sie ihren Anführer und den Studenten bemerkten, verließen sie ihre Arbeit, umringten den Gast und luden ihn zu einem Gastmahl ein. Während sie schmausten, fragte der Anführer ihn, wie er in die Notlage geraten sei. Der Student berichtete von seinem unverschuldeten Unglück. »Und«, so sagte er, »ich bin sicher, dass der Grafensohn nur durch unglückliche Umstände verhindert war, mir das Geld zurückzuzahlen.«

So verging die Zeit und die Dämmerung zog herauf. »Wenn es hier dunkel wird, geht oben in der Welt die Sonne auf. Es ist also an der Zeit zurückzukehren«, sagte der Anführer. »Aber bevor ich Dich zurückbringe, sollst Du ein Geschenk erhalten. Doch Du darfst es erst öffnen, wenn Du zuhause bist, und Du darfst niemandem davon erzählen.«

Das versprach der Student und so erhielt er ein Holzkästchen, das er behutsam in seinem Beutel verstaute. Dann folgte er dem Anführer, bedankte sich vielmals und stieg im Brunnen auf die Plattform, die ihn alleine nach oben brachte. Oben war inzwischen die Sonne aufgegangen, das Unwetter war vorbei und die Vögel zwitscherten.

»Habe ich das Unwetter überlebt, so wird Gott mich auch weiter beschützen«, dachte er sich und kehrte auf dem kürzesten Weg nach Göttingen zurück. Kaum in seiner Stube angekommen, klopfte es, der Grafensohn kam herein, entschuldigte sich für die Verspätung und brachte das Geld. Der Student bedankte sich und steckte es an einen sicheren Ort. Als der Grafensohn gegangen war, fiel ihm das Holzkästchen ein. Er nahm es aus dem Beutel und öffnete es. Da funkelten ihm Gold und Edelsteine entgegen, so viele, dass er nie wieder darben musste.

Schätze

Schätze werden nicht nur von Zwergen gehütet. So berichten die Sagen auch von vergrabenem Reichtum, von der Sehnsucht der Menschen, ärmlichen Verhältnissen zu entkommen und von den Bemühungen, den Schatz zu heben. Nicht immer sind diese Versuche erfolgreich.

Der Schatz von Wickelshausen

Zwischen den Dörfern Seulingen, Esplingerode, Germershausen und Bernshausen, und zwar da, wo sich die Suhle in zwei Arme teilt, lag früher das Dorf Wickelshausen mit einem adeligen Gutshof. Dasselbe soll in einem Krieg zerstört worden sein. In der Nähe befand sich eine Senke, die zum Teil mit Feldsteinen gefüllt war. Ihr Rand war dicht mit Brennnesseln und Dornengestrüpp bewachsen.

Vor langer Zeit war einmal ein junger Mann aus Seulingen zu Pfingsten in Bernshausen zum Tanz gewesen. Sein Heimweg führte ihn an der Stelle vorbei. Es war gegen Mitternacht, als er zu der Vertiefung kam. Dort sah er ein Feuer, dem er sich neugierig näherte. Doch dann entdeckte er dicht neben den Dornen einen großen, schwarzen Hund mit feurigen Augen, der ihn bedrohlich anbleckte. Zu Tode erschrocken lief er so schnell wie möglich heim.

Am nächsten Morgen erzählte er von seinem Abenteuer. Die Großmutter erinnerte sich, dass der adelige Herr von Wickelshausen, bevor er in jenem Kriege fiel, in der Senke all seine Gold- und Silberschätze in einem Kessel vergraben hatte. Schon ihr Großvater war einmal dem schwarzen Hund begegnet. »In der Johannisnacht kann man den Schatz heben«, sagte sie. »Dabei dürfen aber nicht mehr als drei Personen zugegen sein: ein verheirateter Mann, ein junger Bursche und ein unschuldiger Knabe, der den beiden anderen leuchtet. Doch darf dabei kein Wort gesprochen werden.«

Lange wurde beratschlagt, dann entschieden sich Vater und Sohn, ihr Glück zu versuchen, denn es gab noch einen jüngeren Sohn von gerade sieben Jahren, der recht beherzt war.

In der Johannisnacht machten sich die drei schweigend auf den Weg. Der Junge hielt die Leuchte, die beiden anderen räumten zunächst Dornengestrüpp und dann Feldsteine beiseite. Gegen Mitternacht begannen sie, das Erdreich aufzugraben und stießen bald auf einen Kessel.

Plötzlich entdeckte der jüngere Sohn neben der Senke Geister, die einen Galgen errichteten. Aber er presste die Lippen zusammen und zupfte den Vater am Ärmel, um ihm die unheimliche Erscheinung zu zeigen. Der Vater legte ihm die Hand auf den Mund, dann begann er mit verstärktem Eifer, den Kessel freizulegen. Bald konnten sie ihn aus der Vertiefung heben. Vorsichtig nahmen sie den Deckel ab und sahen ihn gefüllt mit Gold und Silber.

Die Schatzgräber wollten gerade zugreifen, als sie ein heiseres Lachen hörten. Sie blickten auf und sahen, wie von der Höhe des Galgens ein schwarzer Hund mit feurigen Augen herabsprang und den Knaben grimmig anfletschte. Dieser stieß einen grellen Schrei aus und rief: »Er beißt! Er beißt!« In dem Moment geschah ein gewaltiger Donnerschlag, der Kessel stürzte in die Tiefe und das aufgegrabene Erdreich und die Steine stürzten hinterher. Die Schatzgräber wurden von gewaltiger Angst erfasst und so schnell sie konnten, verließen sie den unheimlichen Ort und kehrten niemals zurück.

Die Johannisnacht steht in enger Verbindung mit der Sommersonnenwende. Als Johannes der Täufer durch die Wüste wanderte, trug er der Legende nach einen Gürtel aus Beifuß. Diese biblische Geschichte brachte die Menschen auf die Idee, dass sein Namenstag gut geeignet ist, um heilsame Kräuter zu pflücken. Ein paar davon unter das Kopfkissen gelegt, sorgen für ewiges Liebesglück. Und so wundert es nicht, dass eine andere, geheimnisvolle Pflanze nur in der Johannisnacht gefunden werden kann.

Die Springwurzel vom Brackenberge bei Meensen

In alten Zeiten wuchs auf dem Brackenberge, der Plesse und vielen anderen Bergen und einsamen Bergwiesen eine wunderbare Blume. Sie hieß Springwurzel, weil man mit ihr die Berge, die unterirdischen Schlösser und alles, was Schätze und Erze barg, aufschließen oder sprengen konnte. Sie blühte nur einmal im Jahr, in der Johannisnacht von 11 bis 12 Uhr, und mit dem zwölften Glockenschlag verschwand sie wieder. Sie war von gelber Farbe und leuchtete wie die Sonne, blieb aber nicht wie andere Blumen fest am Platze stehen, sondern sprang schnell und leicht umher wie ein Irrlicht. Nur von den Frommen und Gottesfürchtigen ließ sie sich pflücken. Sie sprang ihnen entgegen und erschloss ihnen vergrabene Schätze und Berge mit reichen Erzen. Vor den Gottlosen floh sie von einem Ende der Wiese zum anderen, führte sie in Wasser und Sümpfe und brachte ihnen nur Schaden.

Bevor Reichtümer gehortet werden können, müssen die edlen Materialien gefunden und verarbeitet werden. Venedig war im Mittelalter ein berühmtes Zentrum für Goldschmiedekunst, Edelsteinschleiferei und Glasherstellung. Ein großes und gutgehütetes Geheimnis war die Spiegelherstellung, für die die

Glasmasse mithilfe von manganhaltigem Braunstein entfärbt und durchsichtig gemacht wurde. In ganz Mitteleuropa waren »Venediger« unterwegs, teils um Rohmaterialien zu besorgen, teils um die fertigen Produkte zu verkaufen. Da ihre geologischen Kenntnisse das Wissen der Einheimischen bei Weitem übertrafen, waren sie bei ihrer Suche oft ausgesprochen erfolgreich.

Ihr Auftreten rief natürlich Spekulationen hervor und hinterließ darum auch eine Spur in den Sagen. Vor allem den venetianischen Spiegeln, deren Herstellungstechnik den Einheimischen unbekannt war, wurde dabei eine magische Bedeutung zugeschrieben.

Der Venediger in Bad Grund

Bei einem Mann in Bad Grund sind alljährlich Venediger eingekehrt und ließen sich von ihm in den Berg führen. Sie hatten einen Spiegel dabei, wenn sie in den hineinschauten, konnten sie alles sehen, was in dem Berg verborgen war. Das bemerkte ihr Wirt und eines Nachts, als sie schliefen, nahm er ihnen heimlich den Spiegel fort. Darin sah er, dass der Iberg bei Grund einen eisernen Kopf, einen silbernen Leib und einen goldenen Fuß hatte, der auf Wasser schwamm.

Frühmorgens, als die Venediger aufstanden, wussten sie schon, dass der Wirt ihnen den Spiegel fortgenommen hatte. Sie zwangen ihn sogleich, ihn wieder herauszugeben. Dann sind sie fortgegangen und nie wiedergekommen. Der Mann aber hat wieder hart arbeiten müssen, um sich sein kärgliches Brot zu verdienen, während er früher von den Venedigern so viel bekam, dass er das ganze Jahr gut davon leben konnte.

Seit Beginn des 18. Jahrhunderts kursierten Einblattdrucke und Manuskripte, in denen genau beschrieben wurde, was man tun musste, um unterirdische Schätze zu finden. Gleichzeitig mehrten sich auch Berichte über zumeist erfolglose Schatzgräber. Eine solche Anleitung zur Schatzsuche gab es auch für das Weingartenloch bei Osterhagen. Sie wurde 1720 bei der Neuauflage von Behrens' »Hercynia Curiosa« ganz selbstverständlich mit abgedruckt. Offensichtlich hatte damals niemand Zweifel daran, dass schatzweisende Bergmönche nur darauf warteten, dass man in der Unterwelt ihren Anordnungen folgte. Aus der gedruckten Anweisung wurde dann eine mündliche Erzählung, die pfiffige Gästeführer ihren Harztouristen erzählten.

Das Weingartenloch

Bei dem Dorfe Osterhagen liegt eine Höhle, die Weingartenloch genannt wird. Von dieser Höhle berichten viele Menschen aus der Umgebung, dass früher die Venediger braune und gelbe Erde geholt und in Ranzen oder Säcken davongetragen haben. Die nutzten sie dann, um Gold daraus zu schmelzen.

Bei einer Schatzsuche kann eine Menge schiefgehen, deswegen steht auch in der gedruckten Anleitung, dass man genügen Beleuchtung mitnehmen solle. Aber das hatte die Frau in der nächsten Geschichte wohl überlesen.

Die Unterschrift

Vom Weingartenloch geht die Sage, dass dort die reichsten Schätze, Berge von Silber und Gold zu finden seien. Aber es ist schwer hineinzugelangen, weil der Eingang so schmal und gefährlich ist, dass nur selten einer lebend wieder herausgekommen ist. Doch wenn man den engen Eingang überwunden hat, gelangt man in einen großen Raum, wo der Teufel wartet. Der begrüßt den Gast sehr freundlich und bringt ihn zu einem Tisch, auf dem ein großes Buch aufgeschlagen liegt. Wer dort mit seiner Unterschrift seine Seele dem Teufel vermacht, der bekommt so viele

Schätze, wie er nur tragen kann, und gelangt ungehindert zurück an die Oberwelt.

Einmal stieg eine arme Magd dort hinab, aber weil ihre Lampe aus Mangel an Öl verlöschte, konnte sie den Ausgang nicht finden und kam um. Auch einen Jäger fand man einmal tot im Eingang der Höhle.

Manch einer, dessen Konto rote Zahlen aufweist, träumt insgeheim vom Lottogewinn, der alle Geldsorgen beendet. In früheren Jahrhunderten war es eher der Traum von einem Schatz, und manche Träume gingen in den Sagen sogar in Erfüllung.

Die Klus bei Rüdershausen

Es war kurz nach dem Ende des Dreißigjährigen Kriegs. Nur wenige hatten überlebt, und die überlebt hatten, waren meist verarmt. So ging es auch einem Metzgermeister aus Duderstadt. Eines Nachts träumte er von einem Schatz, der in der Nähe von Rüdershausen am Stadtweg lag. Dort sah er unter einem umgestürzten Baum einen Ranzen voller Goldstücke liegen. Vor lauter Freude erwachte er, und da er sich an alle Details des Traums genau erinnerte, beschloss er, sich auf den Weg zu machen, um den Schatz zu bergen.

Entschlossen wanderte der Metzger in pechschwarzer Nacht am Breitenberg entlang und dann durch das Hübentaler Holz Richtung Rüdershausen. Er war den Weg so oft bei Tag gegangen, dass er sicher war, nicht verloren zu gehen. So kam er ohne Unfall zu der erträumten Stelle.

Tatsächlich lag dort ein umgestürzter Baum, aber statt Gold lag dort ein alter, zotteliger Hund. Voller Unmut und Ärger knurrte der Schatzsucher: »Nun habe ich den üblen Weg für umsonst gemacht!« Dabei gab er dem Hund einen kräftigen Fußtritt. Der Hund fletschte die Zähne, und mit Entsetzen sah der Mann, dass aus dem Rachen des Hundes Flammen schlugen. In seiner Not schlug er das Kreuzzeichen, und der Hund war plötzlich verschwunden.

Aufatmend blieb er stehen und sah an der Stelle, wo eben noch der Hund gelegen hatte, etwas glänzen. Es war tatsächlich der erhoffte Schatz. Er nahm ihn an sich und wanderte froh und glücklich heim. Aus Dankbarkeit gegen Gott errichtete er dann an der Stätte eine steinerne Klus. Und zum Andenken an das viele Leid, das der Krieg seiner Familie gebracht hatte, ließ er die Klus (Klause) mit einem Gemälde der Schmerzensmutter Maria ausstatten.

Als die Klus 1885 zusammenzustürzen drohte, brach man sie ab und errichtete eine neue Kapelle, die bis heute so heißt: die Klus.

Seit dem 17. Jahrhundert war die Region von zahlreichen Kriegen betroffen. Egal ob Dreißigjähriger Krieg, Siebenjähriger Krieg oder die Napoleonischen Befreiungskriege – Soldat war ein Beruf, der bezahlt wurde. Darum führten die Armeen auch immer Soldkassen mit. Wendete sich das Kriegsglück, so die Vorstellung, wurde die Kriegskasse eilig vergraben. Wäre es nicht schön, sie zu finden?

Der mutige Schäfer in Barlissen

Einem Schäfer träumte einst, dass unter einem Busch, den er genau kannte, ein Schatz liegen würde, den nur ein sehr beherzter Mann heben könne. Als er erwachte, machte er sich sogleich auf den Weg und fand den Busch in Flammen stehen. Wie er aber näherkam, war das Feuer verschwunden, und der Busch stand unversehrt. Er suchte genau nach und stocherte mit seinem Schäferstock durch den Busch, doch er fand nichts. Missmutig ging er heim und legte sich wieder schlafen.

In der nächsten Nacht hatte er denselben Traum. Diesmal nahm er seine beiden großen Hunde und einen Spaten mit. Als er ankam, lag neben dem Busch ein riesiger, schwarzer Hund und fletschte so mit den Zähnen, dass seine eigenen Tiere sich ängstlich winselnd an seine Beine schmiegten.

Beherzt machte der Schäfer drei Kreuzzeichen und begann, neben dem Busch zu graben. Da begann der Hund zu knurren und erhob sich zum Sprung. Der Schäfer aber nahm den Spaten in die linke Hand und streichelte der unheimlichen Bestie mit der rechten über den zotteligen Kopf. Dann grub er weiter. Das wiederholte sich einige Male, dann stieß er mit dem Spaten so heftig auf einen harten Gegenstand, dass ihm Funken entgegensprühten. Jaulend verschwand der riesige Hund durch die Luft. Der Schäfer arbeitete weiter und legte bald eine eiserne Kiste frei.

Mühsam wuchtete er sie aus dem Loch und brachte sie ins Dorf. Der Schulmeister besah den Schatz und meinte, es seien schwedische Münzen. Also müsste es wohl eine Kriegskasse sein. Von dem Geld kaufte der Schäfer ein Bauerngut, und darum war seine Familie für Generationen eine der wohlhabendsten im Dorf.

Böse Buben

In den Sagen gibt es selten Grautöne, was den Charakter der Personen angeht. Sie sind entweder fromm (gut) oder gottlos (schlecht). Darum erzählen die Geschichten oft von bösen Buben und ihrer gerechten Strafe. Damit ist die Weltordnung beruhigender Weise wieder hergestellt, aber trotzdem kann man den kühnen Räuber ja heimlich etwas bewundern.

Hans von Eisdorf

Bei Eisdorf liegt eine Felsenhöhle. In dieser hauste vor Zeiten ein Räuber, Hans von Eisdorf war sein Name. Er war ein kühner Gesell, der eine Bande ruchloser Menschen um sich versammelt hatte. Gemeinsam richteten sie in den umliegenden Dörfern viel Schaden an. Sie raubten und stahlen, wo sie nur konnten, und holten den Hirten das Vieh von der Weide, um es dann miteinander zu verzehren. Er entging allen Nachforschungen, weil er seinem Pferd die Hufeisen verkehrt hatte aufschlagen lassen. Dadurch ritten seine Verfolger stets in die falsche Richtung.

Einst entdeckten ihn einige Bewohner von Eisdorf, als er gerade im Begriff war, in seine Höhle zurückzukehren. Sie setzten ihm nach. Also spornte er sein Pferd an, um ihnen zu entkommen. Er eilte rasch davon, doch geriet er dabei an einen steilen Felsabhang. Seine Verfolger jubelten, glaubten sie doch, ihn jetzt sicher zu haben. Aber er sprengte den hohen Abhang hinunter. Das Pferd stürzte zerschmettert in die Tiefe; ihn selbst aber fasste der Wind unter den Mantel und trug ihn unverletzt in den Wald. Seit der Zeit hat man nichts mehr von ihm gehört.

Der umgekehrte Hufbeschlag ist ein weit verbreitetes Wandermotiv, das häufig verwendet wird, um das unerklärliche Entkommen eines Verfolgten zu erklären. Ein realistischer Trick ist es sicher nicht. In einer anderen Sage wird der Abhang, den der Räuber hinunterritt, mit dem Katzenstein bei Osterode am Harz gleichgesetzt.

Der Katzenstein

Nicht weit vom Dorf Förste erhob sich vor Jahrhunderten die mächtige Burg Lichtenstein, auf welcher der Ritter Hans von Eisdorf hauste. Er liebte eine Jungfrau aus edlem Geschlecht, und auch sie war ihm zugetan. Allerdings hatten ihre Verwandten sie schon in frühester Jugend Gott geweiht. Sie brachten sie in das Kloster in Katlenburg, wo sie den Schleier nehmen sollte. Hans erfuhr von dem Tag der Einkleidung. Als die Verwandten und die Nonnen die Jungfrau in feierlichem Zug zur Kirche brachten, sprengte er mit seinen Mannen heran, riss die Auserwählte auf sein Pferd, galoppierte mit ihr davon und brachte sie auf seine Burg.

Alsbald rüstete die Familie der Braut zum Kampfe. Hans war klar, dass die Burg einer Belagerung nicht standhalten würde. Auch eine Versöhnung schien unmöglich. So blieb der einzige Weg die Flucht, und wirklich gelang es den beiden in einer dunklen Nacht, durch einen versteckten Ausgang zu entkommen. Doch nur wenig später wurden sie entdeckt und erbittert verfolgt. Plötzlich sahen sich die Liebenden auf dem Katzenstein. Tief unten gähnte der Abgrund, hinter ihnen kamen die Verfolger unerbittlich näher. Was sollte werden? Eine Umkehr war nicht möglich. Entschlossen gab er dem Pferd die Sporen, doch es scheute vor dem Sprung. Hans riss das Ross zurück und verband ihm mit der Schärpe seiner Braut die Augen. Dann zwang er es zum Sprung in die Tiefe. Unten brach das Pferd zerschmettert zusammen, während die Liebenden wie durch ein Wunder unverletzt blieben und glücklich den Feinden entkamen.

Chroniken des 17. Jahrhunderts berichten über wilde Banden, die im Dreißigjährigen Krieg den Harz unsicher machten und die sich teilweise erbittert bekämpften. Die Harzschützen waren eine Art

Bürgerwehr, Einheimische, die gegen die Plünderungen durch Söldner und Marodeure zur Selbsthilfe schritten. Hans Warnecke von Eisdorf wird in schriftlichen Überlieferungen als Anführer einer solchen Bande bezeichnet. Man kann davon ausgehen, dass diese Gruppen bei der Suche nach Proviant nicht zimperlich mit der Zivilbevölkerung umgingen. Wie sehr die Gerüchteküche damals brodelte, wird durch die Vielzahl von Geschichten deutlich.

Gerechte Strafe

Hans von Eisdorf trieb es, durch seine Erfolge hochmütig gemacht, immer ärger. So ritt er eines Tages nach Osterode, als dort Markttag war, wohl wissend, dass ihm wegen des Marktfriedens nichts geschehen konnte. Doch die Bürger nutzen ihre Chance. Sie beendeten den Markt früher und läuteten dafür die Kirchenglocken. In dem Moment war er vogelfrei. Ein paar kräftige Männer fielen augenblicklich über ihn her und entwaffneten ihn. Dann wurde er zum Herzog gebracht, verurteilt, hingerichtet und gevierteilt.

Das Vierteilen als Zusatzstrafe nach der Hinrichtung war im Spätmittelalter und der frühen Neuzeit durchaus verbreitet. Es sollte eine abschreckende Wirkung haben. Dahinter steht aber auch die Vorstellung einer körperlichen Wiederauferstehung im Himmel, die damit verhindert wurde. Man bestrafte den Täter also nicht nur im Diesseits, sondern auch im Jenseits, und war sicher, dass er in der Hölle schmorte.

Der Klinkerbrunnen

Die Schwiegershäuser meinten, dass Hans von Eisdorf im Klinkerbrunnen hauste. Das ist eine Kalksteinhöhle bei Schwiegershausen, die der tröpfelnde Sinter mit einem unaufhörlichen, unheimlichen Geräusch erfüllt. An dieser Stelle wurde er hingerichtet, dann wurde sein Leichnam in Stücke gehauen und an verschiedenen Stellen begraben.

In der Geisterstunde treibt er bei der Höhle noch sein Wesen. Man sagt, er suche die Stücke seines Körpers wieder zusammen. Einigen Menschen ist er nachts als vorüberstreichendes Licht erschienen, anderen begegnete er als Mann ohne Kopf und Arme. Und die ganze Höhle ist angefüllt mit gebannten Geistern, die das schreckliche Geräusch hervorbringen.

Aus dem Motiv des Räubers in Verbindung mit der Vorstellung vom ewig kämpfenden Ritter auf seiner Burg entstand der Mythos von den Raubrittern. Das Motiv war vor allem in den Romanen des ausgehenden 18. Jahrhunderts sehr beliebt. Dabei geht es sehr blutig zu, doch es gibt auch humorvolle Aspekte. Wer zuletzt lacht, lacht bekanntlich am besten.

Der Raubritter von der Drakenburg

Bei Herberhausen, nahe der Bundesstraße nach Gieboldehausen, befindet sich der Drakenberg. Dort oben lag vor vielen hundert Jahren das Raubschloss des gewalttätigen und grausamen Herren von der Drakenburg. Ihr letzter Besitzer war ein alter, eigensinniger Junggeselle, den alle adligen Töchter der Umgebung verschmäht hatten. So saß er unverheiratet und griesgrämig allein auf seiner Burg, bis ihm das Haar schneeweiß wurde.

Einst sollte in Göttingen ein großes Fest stattfinden, zu dem alle Adeligen der Umgebung eingeladen wurden. Obwohl ihn niemand leiden konnte, bekam auch der Ritter auf der Drakenburg seine Einladung. Als er hörte, dass auch fremde Gäste erwartet wurden, beschloss er, sich unter deren Töchtern umzusehen, um endlich eine Ehefrau zu finden. Er öffnete also Truhen und Kisten, holte seine beste Kleidung hervor und putzte sich auf, als wenn er ein zwanzigjähriger Märchenprinz sei. Das Kostbarste war ein Paar feine, weiße Seidenstrümpfe, die damals niemand in der Gegend kannte.

So ausstaffiert ließ er sich nach Göttingen kutschieren, doch als er ausstieg, lachten die anwesenden Bürger ihn aus und verspotteten den eitlen Mann. Da wurde der Ritter bitterböse und fuhr fluchend und Rache schwörend wieder heim. Als der Wagen auf den Burghof einbog, lief ihm einer seiner Esel zwischen die Pferde und musste dafür sein Leben lassen, denn der zornige Herr stach ihn auf der Stelle tot.

Wie das Tier nun so da lag und alle Viere von sich streckte, wurde dem Drakenburger plötzlich klar, wie er sich an den Göttingern rächen konnte. Am nächsten Tag war Markttag, und es war Sitte, dass die umliegenden Gutsbesitzer dann Fleisch verkaufen ließen. Höchstpersönlich zog der Ritter dem Esel das Fell ab und zerlegte ihn kunstgerecht in Portionsstücke. Er nahm einen Korb, packte einen Brief an die Göttinger und die Eselshaut hinein und stapelte dann das als unrein geltende Fleisch obendrauf. Anschließend schickte er seine Magd mit dem Auftrag zum Markt, es dort als Kalbsfleisch zu verkaufen und ohne Korb zurückzukehren, wenn die Haut sichtbar wurde.

So geschah es, und als der Korb fast leer war, lief die Magd davon. Kauflustige brachten Eselshaut und Brief zum Rathaus, wo der Bürgermeister den Brief öffnete und vorlas. »Damit man für alle Zeiten weiß, dass ihr euresgleichen fresst, so schreibt auf diese Eselshaut, was ihr heute von mir gekauft und gegessen habt. Herr von der Drakenburg.«

Das war selbst für die gesetzten Ratsherren zu viel. Sie ließen die Sturmglocke läuten und riefen die Bürger zu den Waffen. Gemeinsam machten sie sich auf, eroberten die Burg im Sturm und ließen niemanden lebend davonkommen. Zuletzt warfen sie den Burgherrn von den Zinnen des Hauptturms in die Spieße der unten am Hang stehenden Göttinger Kämpfer. Dann machten sie die Burg dem Erdboden gleich und pflügten schließlich darüber. Sie waren so gründlich dabei, dass nicht einmal mehr die Grundmauern zu sehen sind.

Geisterstunde

Nicht nur Verstorbene, die keine Ruhe finden, spuken an vielen Orten. Oft sind es auch Tiere, und nicht immer trifft man sie nur um Mitternacht. Wenn man bedenkt, wie groß vor der Entdeckung der Schutzimpfung die Tollwutgefahr war, wundert es nicht, wenn die Menschen Angst vor unbekannten, freilaufenden Hunden hatten.

Der Klimperhund

In Löwenhagen und der Umgegend behaupten viele, den Klimperhund gesehen zu haben. Man hört zunächst aus der Ferne die Glocke läuten, die er am Hals trägt. Dann kommt der Hund näher, läuft dicht an den Menschen vorbei und auf den nächsten Hügel. Dort setzt er sich hin, heult eine ganze Weile kläglich vor sich hin, dann läuft er in eine andere Richtung fort und verschwindet.

Er erscheint denen als erstes, die ihn am meisten fürchten, ist aber nicht bösartig. So hatte einmal ein Bauer aus Löwenhagen ein Kalb aufgezogen. An einem Abend sah er zu seinem Erstaunen, wie das Kalb auf seinem Hof herumspazierte. Er rief seine Leute herbei, und diese machten Anstalten, das Tier in den Stall zurückzutreiben. Aber wie erstaunten sie, als sie plötzlich das Glöckchen vernahmen – es war der Klimperhund!

Ein andermal machten drei Männer auf einer Wiese Heu. Gegen Abend hatten sie es zu Schobern aufgehäuft, weil sie befürchteten, dass ein Gewitter im Anzug wäre. Da hörten sie das Glöckchen. Um sich vor dem Klimperhund in Sicherheit zu bringen, verbargen sie sich in den Heuhaufen. Der Hund kam heran, ging zu jedem Heuhaufen, sah den Mann, der sich darin verborgen hatte, mit großen Augen an, lief aber darauf zu einem Hügel, wo er im Dickicht verschwand.

Schwarze Hunde als Geistererscheinung finden sich häufig, denn der Teufel wurde mit der Farbe schwarz in Verbindung gebracht, was aus dem Tier gedanklich einen »Höllenhund« macht. Darum werden zu Lebzeiten böse Menschen häufig in einen schwarzen Hund verwandelt und gehen dort um, wo sie ihre Sünden begangen haben. Man kann dem Tierspuk unter anderem bei Duderstadt begegnen.

Der schwarze Hund am Pferdeberg

Die Waldung am Pferdeberge gehörte in früheren Zeiten je zur Hälfte den beiden Dörfern Immingerode und Tiftlingerode. Einmal geschah es, dass die Gemeinde von Tiftlingerode schwer heimgesucht wurde und in große wirtschaftliche

Not geriet. So blieb den Leuten nichts anderes übrig, als ihre Hälfte vom Wald an Immingerode zu verpfänden, um mit dem eingenommenen Geld die drückendsten Schulden zu bezahlen.

Nach etlichen Jahren wollten sie die Pfandsumme nebst Zinsen zurückzahlen. Doch der damalige Schultheiß von Immingerode behauptete, dass der betreffende Teil des Pferdebergs seiner Gemeinde gehören würde. Die Sache kam vor Gericht, und weil der Schultheiß seine Aussage beeidete, bekam Immingerode den Wald zugesprochen. Die Menschen in Tiftlingerode aber waren sicher, dass es ein Meineid gewesen war, doch konnten sie nichts gegen das Urteil machen.

Auf den Tag drei Jahre nach dem falschen Schwur starb der Schultheiß eines plötzlichen Todes. Zur Strafe für sein Verbrechen muss er bei Nacht an der Pferdebergsecke als schwarzer Hund ohne Kopf umgehen bis zum Ende aller Zeiten. Manchen Menschen hat er durch sein Erscheinen schon Schrecken eingejagt. Er verschwindet aber sogleich, wenn man das Kreuzzeichen macht.

Der Geist ohne Kopf ist wohl ein Hinweis darauf, dass derjenige zu Lebzeiten für ein Verbrechen hätte geköpft werden müssen. Er kann dann auch in menschlicher Gestalt umgehen. Die gute Nachricht ist: Man kann ihn noch nachträglich erlösen.

Der Mann ohne Kopf

Vor vielen Jahren arbeitete eine Tagelöhnerin, Diedrich mit Namen, auf einem Bauernhof in Hilkerode. Eines Tages machte der Bauer in der Scheune einen Fehltritt, stürzte auf die Diele und brach sich das Genick. Einige Zeit später ging die Tagelöhnerin an den Rotenberg, um Futter für ihre Ziegen zu suchen. Da hörte sie plötzlich aus dem Wald die ihr wohlbekannte Stimme des Bauern. Er rief, »Frau Diedrich, geht doch zu meiner Frau und sagt ihr, sie solle ein Malter Korn mahlen lassen und das davon gebackene Brot unter die Armen des Dorfes verteilen. Ich kann keine Ruhe finden!«

Erschrocken sah die Frau auf. Da erblickte sie unter einem dicken Baum einen Mann ohne Kopf, der die Kleidung des verunglückten Bauern trug. Sie machte das Kreuzzeichen, daraufhin verschwand er sogleich.

Die Frau raffte schnell das Futter zusammen und eilte nach Hause. Dann ging sie zur Bäuerin und erzählte ihr, was sie gehört und gesehen hatte. Diese erfüllte den Wunsch ihres Mannes, der dann auch nicht mehr wiedergekommen ist.

Für den Bergbau war das Vermessungswesen, die sogenannte Markscheidekunst, von großer Bedeutung, denn es musste nachgeprüft werden, dass die Stollen unter Tage nicht über die ober Tage festgelegten Grenzen des Reviers vorangetrieben wurden. Auch im bäuerlichen Umfeld wurde die Vermessung der Felder, z.B. bei Verkäufen oder Vererbungen, im Laufe der Zeit immer wichtiger.

Bis ins 19. Jahrhundert hinein wurde dafür eine Messkette mit definierter Länge von etwa achtzehn Metern benutzt, die in zehn Teile aufgeteilt war. Wurde sie gerade nicht benötigt, wickelte der Landmesser sie um einen Stab. Für kurze Strecken nutzte er die Messlatte. Diese mitgeführten Utensilien waren sein Markenzeichen. Beides zusammen weisen in der nächsten Sage die Geistererscheinung als Landmesser aus.

Der betrügerische Landmesser von Hattorf

Am Röderberge zwischen Hattorf und Wulften, dort wo sich heute eine Mülldeponie befindet, soll in alter Zeit das Dorf Obernrode gelegen haben. Hier lässt sich kurz vor der Ernte, wenn die Betglocke läutet, ein langer, grauer Mann sehen. Er erscheint genau an der Stelle, wo früher die Kirche stand. Er trägt eine glühende Messlatte in der Hand und wirft die Kettenschnur, um das Land zu vermessen. Wohin er auch tritt, hinterlässt er keine Spur, weder Halm noch Kraut sind geknickt, und wenn man näherkommt, dann besteht er aus lauter Dunst und Staub, den man nicht greifen kann..

Dieser Mann war zu seinen Lebzeiten ein Landmesser, der für einen kleinen, persönlichen Vorteil falsch gemessen und damit Menschen ins Unglück gestürzt hat. Dafür kann er nun im Grabe keine Ruhe finden und muss alljährlich vor der Ernte umgehen.

Natürlich spuken nicht nur männliche Geister, es finden sich auch eine ganze Reihe von Schlüsseljungfrauen und weißen Frauen, die nachts umherwandeln. Sie sind in aller Regel aber verwünscht worden oder durch einen Unfall ums Leben gekommen, also unschuldig am eigenen Schicksal. Deswegen können sie in aller Regel auch erlöst werden.

Das Fräulein von Bönnekehausen

Östlich von Groß Schneen liegt im Reinhäuser Wald eine große Lichtung, der Dreisch. Heute befindet sich dort ein Wanderer-Rastplatz, das Stendel-Eck. Im Mittelalter stand hier die Burg Bönnekehausen, von der außer ihrer Ersterwähnung im Jahr 1241 wenig bekannt ist. Nur ein paar Verfärbungen im Boden zeugen noch davon, dass sie hier stand.

Hier lebte einst ein Fräulein, die Tochter des Burgherrn. Sie wurde von einer umgestürzten Burgmauer lebendig verschüttet. Seitdem geht sie ohne Rast und Ruhe nachts zwischen elf und zwölf Uhr umher. Sie trägt einen Bund feuriger Schlüssel an einem Bund feuriger Ringe. Wer diese Schlüssel mit bloßen Händen anfassen kann, ohne sich zu verbrennen, dem öffnet sich das Schloss von ganz alleine. Er erhält das Schloss zum Eigentum und darf die Jungfrau ehelichen.

Die Häufigkeit spukender Jungfrauen in den Sammlungen belegt eher die Begeisterung der Sagensammler für derartige Motive als dass sie Auskunft über die tatsächlichen, mündlichen Traditionen gibt. So geben Schambach und Müller in den Anmerkungen offen zu, dass sie eine eigene Publikation über »weiße Frauen« planen. Wer viel fragt, kriegt auch viele Antworten, und manchmal entwickeln die Erzähler sehr viel Fantasie. Das belegt eine Geschichte, die aus Ebergötzen stammt und an den sagenhaften Graf Isang vom benachbarten Seeburger See anknüpft.

Die Jungfrau von Radolfshausen

Der böse Graf Isang wollte die Tochter des Besitzers von Radolfshausen heiraten. Aber da Isangs Gottlosigkeit allgemein bekannt war, hat sie ihm ihre Hand verweigert. Darum verwünschte die Mutter des Grafen die junge Frau in das Ebergötzener Holz. Dort sollte sie 325 Jahre wandern und nur erlöst werden, wenn einer zu ihr sagte: »Es helfe dir Gott.«

Von nun an spukte sie nachts rastlos durch den Wald. Tagsüber trug sie eine Nebelkappe und war darum unsichtbar. Da lag sie auf einer Bank und schlief. Als Nahrung hatte sie ein Körbchen mit Brot und eine Flasche Wein mitbekommen, die sich alle Tage von alleine wieder füllten.

In der Nacht aber wanderte sie von elf bis ein Uhr als weiße Jungfrau durch den Wald und rief: »Hilf mir!« Oft hörten die Menschen sie rufen, aber niemand sprach die erlösenden Worte. Und bald fürchteten sie sich so sehr vor dem Wald, dass sie ihn in der Dunkelheit mieden.

Da begab es sich, dass ein Husar nachts noch von Ebergötzen nach Holzerode reiten musste, um eine Botschaft zu überbringen. Man hatte ihn vor der Jungfrau gewarnt, aber er war mutig genug, sich nicht darum zu scheren. Und wirklich begegnete er ihr auf einer mondbeschienenen

Lichtung. Sie reckte die Arme flehentlich hoch und rief: »Hilf mir! Hilf mir!«

Der Husar wandte sich zu ihr und fragte: »Wer kann dir helfen?«

»Niemand«, antwortete sie.

»Es helfe dir Gott!«, erwiderte er.

Kaum hatte er die Worte gesprochen, saß die Jungfrau auch schon hinter ihm auf dem Pferd. Sie sagte ihm, genau das seien die richtigen Worte gewesen. Aber sie sei erst 300 Jahre gewandert, und darum noch nicht ganz erlöst. 25 Jahre müsse sie noch weiterwandern.

Und weiter erzählte sie von einem recht alten Ehepaar in Waake, das dort im äußersten Haus wohnte und keine Kinder habe. Aber die würden noch einen Sohn bekommen. Und wenn der 25 Jahre alt sei und in der Kirche in Waake seine erste Predigt gehalten habe, dann werde sie vollständig erlöst sein. Dann verschwand sie.

Der Husar bedachte ihre Rede und beschloss, doch einmal nach Waake zu reiten, um das alte Ehepaar zu besuchen. Sie waren auch sehr freundlich und luden ihn in ihre Stube ein. Kaum saß er dort, öffnete sich die Tür, und Gevatter Tod trat hinein. Schweigend ging er zu dem alten Mann, schlug ihm mit seinem Rohrstock auf den Rücken und ging ebenso schweigend wieder hinaus. Zwar schauderte der Mann bei dieser

Berührung, aber weder er noch seine Frau konnten den Tod sehen. Der Husar erschauderte und verließ das Haus auf Nimmerwiedersehen.

Und wirklich geschah, was die Jungfrau gesagt hatte. Noch im gleichen Jahr bekam das Ehepaar einen Sohn, aber der alte Mann starb bald darauf.

Der Sohn wuchs heran und studierte Theologie. Als er nun 25 Jahre geworden war, hielt er seine erste Predigt in der Kirche von Waake, und damit war die Jungfrau völlig erlöst.

Sie saß dabei hinten in der letzten Reihe, aber sie sah alt, gelb und ganz zusammengeschrumpft aus. Niemand erkannte sie. Nach dem Gottesdienst wanderte sie nach Ebergötzen und erzählte den Menschen ihr Schicksal. Auch hier kannte sie niemand, aber sie nahmen sie mitleidig auf und sorgten für sie. So lebte sie noch volle drei Jahre, dann starb sie. Nach ihrer Beerdigung gab es einen großartigen Leichenschmaus, bei dem wurde drei Tage und drei Nächte ununterbrochen gegessen und getrunken.

Nicht immer ist eine Verwünschung Ursache dafür, dass jemand umgeht. Weit verbreitet ist auch das Motiv der »armen Seele«, die erlöst werden möchte. Dann hört man den Spuk nur und sieht ihn nicht.

Das unerfüllte Gelübde

Zwischen Rollshausen und Gieboldehausen liegt die Wüstung Marsfelde. Beim Marsfelder Kirchhof stand ihn früheren Zeiten ein dichtes Buschwerk aus Weidenholz.

Eines Tages kamen hier Leute aus Rollshausen auf ihrem Weg nach Gieboldehausen vorbei. Sie hörten aus dem Gebüsch ein Flattern, das dem eines aufgescheuchten Huhnes glich. Die Leute durchsuchten das Gehölz nach allen Seiten, konnten aber das Huhn nicht finden, obwohl sie ständig das Flattern hörten. Da wurden sie ängstlich und gingen eilig davon. Am Abend machten sie einen Umweg, um ja nicht wieder an dem Orte vorbei zu müssen.

Am anderen Morgen kamen in aller Frühe ein paar Männer aus Gieboldehausen dort vorbei, die auf einer nahegelegenen Wiese mähen wollten. Auch sie hörten das Flattern, machten sich aber nichts daraus. Wenig später kam eine Frau des Weges. Sie trug in der einen Hand einen Korb mit Esswaren, um den Mähern das Frühstück zu bringen. In der anderen Hand hielt sie eine Harke, um den Männern bei der Arbeit zu helfen.

Auch sie vernahm das Flattern aus dem Buschwerk. Sie blieb stehen und horchte, und da das Flattern nicht aufhörte, fuhr sie mit ihrer Harke quer durchs Gebüsch, um den Vogel aufzujagen. Da fing die Harke an, lichterloh zu brennen.

Entsetzt warf die Frau das Werkzeug von sich und fragte bestürzt: »Wer ist da?« Eine feine Stimme antwortete: »Ich bin eine arme Seele.« Die Frau fasste sich und fragte: »Kann ich dir helfen?« Die Stimme antwortete: »Gerade auf diese Frage habe ich schon lange gewartet. Du kannst mir helfen und mich erlösen. In meinem irdischen Leben war ich sehr krank und tat das Gelübde, auf den Hülfensberg zu pilgern, wenn ich wieder gesund würde. Ich wurde auch gesund, aber die Wallfahrt habe ich immer wieder aufgeschoben und bin darüber hinweggestorben. Nun kann ich in der Ewigkeit keine Ruhe finden, bis für mich eine andere Person das Gelübde erfüllt. Willst du mir diesen Liebesdienst erweisen, so komme nach deiner Wallfahrt direkt hierher. Und wenn von der Kirche in Gieboldehausen die Betglocke läutet, sollst du auch deinen Lohn erhalten.«

»Das will ich gerne für dich tun«, antwortete die Frau, »doch für dieses Jahr sind die Wallfahrten vorbei. Gleich nächstes Jahr aber gehe ich an deiner Stelle mit.« Dieses Versprechen hielt die Frau und kehrte nach der Wallfahrt zu dem Buschwerk zurück. Und gerade als die Betglocke aus Gieboldehausen schlug, hörte sie wieder die Stimme der armen Seele. »Jetzt bin ich erlöst;

ich danke dir für deine Liebe. Geh mitten in das Buschwerk, da findest du ein paar Goldstücke. Diese sollen dein Lohn sein. Für die Hälfte stifte ein Hochamt auf dem Hülfensberg; das übrige verwende für die Erziehung deiner Kinder und zur Unterstützung armer Leute.« Die Frau versprach auch das, und hielt auch dieses Versprechen. Das Flattern aber hat niemand jemals wieder gehört.

Teufel

Für die mittelalterlichen Menschen war der Teufel eine reale Bedrohung, ein Dämon, von dem man besessen sein konnte. Und wer mit ihm einen Bund einging, verschrieb ihm seine Seele, um mit seiner Hilfe einen Schadenszauber zu vollziehen oder Not von sich selbst abzuwenden. Doch mit der richtigen Technik konnte man ihn bannen.

Knabe dem Teufel entrissen

In Spanbeck lebte eine Witwe mit vielen Kindern in bitterster Armut. Eines Tages weinte und klagte sie sehr über ihr Unglück. Da kam der Teufel zu ihr und fragte sie nach dem Grund ihrer Verzweiflung. Sie antwortete, ihr Mann sei gestorben und sie habe keinen Bissen Brot, um die Kinder zu ernähren. Da bot der Teufel ihr einen Pakt an. Er versprach, er wolle sie und ihre Kinder bis zu ihrem Tode ernähren, aber das jüngste Kind sollte ihm gehören, sobald es vierzehn Jahre alt sei. In ihrer Not ging die Frau auf den Handel ein und lebte von nun an ohne Nahrungssorgen.

Das bestimmte Jahr kam immer näher heran. Der Gedanke, ihr Kind dem Teufel übergeben zu müssen, peinigte sie immer mehr. In ihrer Seelenangst ging sie schließlich zum Pfarrer und bekannte den Pakt. Sie flehte ihn an, alle Mittel aufzubieten, um ihren Sohn zu retten, der doch ganz unschuldig war.

Der Pfarrer ging am vierzehnten Geburtstag des Knaben auf den Kirchhof, zog dort einen Kreis, stellte einen Tisch und einen Stuhl hinein und befahl dem Jungen, sich dort niederzusetzen und die Bibel zu lesen. Um Mitternacht kam der Teufel und lärmte schrecklich um den Kreis herum, doch er konnte den Knaben nicht in seine Gewalt bekommen.

In der folgenden Nacht setze sich der Knabe erneut in den Kreis. Von schrecklichem Teufelsspuk umgeben, dichtete er das Lied: »Wach auf mein Herz und singe.« Und wieder konnte der Teufel nicht an ihn kommen.

In der dritten Nacht ging er auf den Rat des Pfarrers in die Kirche und sang dort voller Inbrunst das Lied, das er gedichtet hatte. Selbst hier ließ ihm der Teufel keine Ruhe. Die Orgel stürzte ein und die Kirche barst von oben nach unten; aber am anderen Morgen war alles wie nie geschehen, und der Knabe war dem Teufel nun entrissen.

Insbesondere in der Zeit der Gegenreformation war die Vorstellung, jemand der jeweils anderen Konfession sei vom Teufel besessen, eine geläufige

Annahme. In einer Geschichte aus Bodensee verschwimmen diese Vorstellungen mit dem Motiv von Gevatter Tod, der die Menschen holt.

Auf dem Edelhofe in Bodensee

Einst lebten in Bodensee die Herren von Amelunxen auf einem Edelhofe. Einer der Herren war ein großer Sonderling und obendrein sehr jähzornig und rachsüchtig. Fühlte er sich von einem Bauern beleidigt, und mochte es auch nur eine winzige Kleinigkeit sein, ließ er dem Bauern nachts das unreife Getreide abmähen. Seine Knechte wurden für diese Zusatzaufgabe reichlich entlohnt.

Als der Herr später erkrankte, wurde er auf mancherlei Art vom Teufel versucht. Eines Tages erhielt der Kranke Besuch von einem feinen, schwarz gekleideten Herrn, der sich tagelang bei ihm aufhielt, ohne dass man wusste, wer das sei. Schließlich merkten die Hausgenossen, dass es mit dem Herrn zu Ende ging, und so riefen sie einen Geistlichen. Als dieser das Krankenzimmer betrat, entschwand der Fremde. Die Leute wollten aber deutlich gesehen haben, dass er einen Pferdefuß hatte. Der Kranke wies den Geistlichen zurück, dafür saß nun der zurückgekehrte Fremde Tag und Nacht bei ihm, bis er endlich starb. Dann war auch der Fremde verschwunden.

Der Tote konnte keine Ruhe finden, ging noch lange Zeit im Hause herum und erschreckte die Leute. Schließlich wollte niemand mehr bleiben. Da wurde der Geistliche gerufen, der den Spuk in eine Kammer bannte und die Tür zumauern ließ. Seitdem hat der Herr von Amelunxen nie wieder gespukt.

Sogar Herzögen wurde unterstellt, sie würden mit dem Teufel paktieren. Man kann davon ausgehen, dass derartige Geschichten von politischen Gegnern lanciert wurden – heute würde man vielleicht das Wort »Korruption« in den sozialen Medien raunen. In Form von Flugblättern wurden derartige Geschichten für wenig Geld unter die Leute gebracht und fanden von dort ihren Weg in die mündlichen Erzählungen.

Herzog Erich und der Teufel

Herzog Erich zog einst mit seinem Gefolge in den Reinhardwald auf die Jagd. Nachdem er einige Zeit vergeblich Ausschau gehalten hatte, spürte er endlich einen Hirsch auf, den er eifrig verfolgte. Dieser brachte ihn immer weiter in den wilden Wald hinein. Als die Nacht anbrach, erkannte Erich zu seinem Schrecken, dass er von seinem Gefolge getrennt war und er sich auf ihm völlig unbekanntem Gebiet befand.

In seiner Not rief er den Teufel um Rat und Beistand an. Dieser erschien auch wirklich in

Gestalt eines Löwen und versprach, ihn auf seinem Rücken durch die Luft nach Münden zu transportieren, wenn er ihm mit Leib und Seele angehören wolle. Der Herzog nahm das Angebot unter der Bedingung an, dass der Teufel ihn vor ein Uhr nach Hause bringen sollte. Als er nun auf des Teufels Rücken gerade über der Werrabrücke schwebte, schlug die Turmuhr eins. Da stürzte der Löwe ab und prallte mit dem Kopf so hart auf einen Pfeiler der Brücke, dass sein Schädel daran zerschellte. Der Herzog jedoch kam unbeschädigt bei den Seinigen an. Der Löwe aber wurde auf der Brücke in Stein verwandelt, wo er noch jetzt zu sehen ist.

Mit dem Sensenstein und dem Sichelnstein prägten im Mittelalter zwei Burganlagen die Grenze zwischen den Landgrafen von Hessen und dem Herzogtum Braunschweig-Lüneburg. Angeblich soll Herzog Otto der Quade den Sichelnstein gebaut haben, um den Hessen das Getreide besser stehlen zu können. Im Gegenzug errichtete Landgraf Hermann II. von Hessen den Sensenstein. Otto der Quade war nicht nur bei seinen Gegnern unbeliebt – der Quade bedeutet so viel wie der Böse. So ist es naheliegend, dass auch er in der Sage den Teufel beschwört.

Wie der Teufel den Sensenstein zertrümmern wollte

Der Sensenstein war Otto dem Quaden ein Dorn im Auge. Aber alle Angriffe gegen die Burg waren erfolglos. Er fand kein Mittel zu ihrer Zerstörung.

Schließlich rief er den Teufel um Hilfe an und versprach ihm seine Seele, falls er den Sensenstein vernichtete. Der Teufel riss einen riesigen Felsbrocken aus dem Boden und schleuderte ihn auf den Sensenstein los. Aber eine unsichtbare Hand hinderte ihn am Wurfe, so dass ihm der Stein aus der Hand glitt und im Pfaffenstrauche bei Nienhagen – also auf dem Gebiet des Braunschweigers – niederfiel. Mit einem grässlichen Fluch flog der Teufel davon, denn er merkte, dass der Sensenstein im Schutze Gottes stand. Und so versuchte er nie wieder, der Burg einen Schaden zuzufügen.

Der Steinblock blieb liegen, und man sieht noch die fünf Fingerabdrücke des Teufels, deshalb heißt er der Teufelsstein.

Auch auf dem Sichelnstein in der Gemeinde Staufenburg versuchte der Teufel, Seelen in die Hölle zu holen. Die beschriebene List ist keine originelle Idee der betroffenen Frau. Das Motiv findet sich auch in der Sage über Entstehung des Reinhardswaldes und ist wohl von dort zum Sichelnstein gewandert.

Der betrogene Teufel

Die letzten Besitzer von Burg Sichelnstein waren zwei unverheiratete Schwestern. Die eine war dazu verwünscht, vom Gewitter erschlagen zu werden. Eines Tages zog nun ein furchtbares Gewitter herauf, welches sich so lange über der Burg hielt, bis sie sich entschloss hinauszugehen, um sich für die Rettung der Burg zu opfern. Kaum war sie vor die Tür getreten, wurde sie auch schon vom Blitz erschlagen.

Die andere Schwester war dazu verwünscht, nach einer bestimmten Anzahl von Jahren dem Bösen anzugehören. Als die gesetzte Frist fast abgelaufen war, bat sie den Teufel, er möchte sie doch so lange frei lassen, bis sie noch einmal im Burggarten Früchte ausgesät habe. Wenn diese Frucht wieder Früchte tragen würde, dann wolle sie ihm ohne Widerstreben angehören. Der Teufel war damit zufrieden. Darauf säte sie auf dem Steinacker Eicheln, aus denen mit der Zeit ein schöner Eichenwald geworden ist.

Im Zuge der Aufklärung im 18. Jahrhundert wurde die Vorstellung vom Teufelspakt nach und nach als unrealistisch zu den Akten gelegt. In den Sagen spiegelt sich diese Entwicklung. Sie erzählen immer häufiger vom Teufel als Verlierer, der zunehmend zum Hanswurst verkommt.

Vom Westerturm in Duderstadt

Einst kam der Teufel nach Duderstadt, um die Männer zum Branntweintrinken zu verführen. Betrunken gemacht, sollten sie dann den Pakt mit ihm schließen.

Aber die Frauen entdeckten ihn und versammelten sich. Mit ihren Besen gingen sie schreiend auf ihn los. Erschreckt lief er quer über den Markt, doch von überall kamen Frauen auf ihn zu. Mit einem Riesensatz sprang er in höchster Not auf das Dach des Westerturms. Dorthin konnten sie ihm nicht folgen. Er hielt sich mit einer Hand an der Wetterfahne fest, mit der anderen drehte er ihnen eine Nase. Dann wendete er sich ab und sprang vor das Tor. So war er den Frauen entkommen und kehrte niemals nach Duderstadt zurück. Aber seitdem ist das Dach des Turms verdreht.

Tatsächlich hat ein Architekt herausgefunden, dass beim Bau des Turmdachs einige Quersparren vergessen wurden. Die Drehung ist also eine Folge der mangelnden Statik.

Hexen

Der Vorwurf, sich mit dem Teufel verbündet zu haben, um anderen Menschen Schaden zuzufügen, ist aus heutiger Sicht absurd. Für die Menschen früherer Zeiten war er jedoch sehr real. Der Schwerpunkt der Hexenverfolgung lag im 16. und 17. Jahrhundert. Dabei kam es nicht etwa gleichmäßig zu Massakern, bei denen Dutzende Personen gleichzeitig hingerichtet bzw. verbrannt wurden. Die Anzahl der Hexenprozesse in einer Region war stark davon abhängig, wie hexengläubig die Obrigkeit war. Die zentrale Frage war, wie man eine Hexe erkennen konnte. Hierzu gab es tatsächlich Handbücher. Die dort beschriebenen Methoden finden sich entsprechend auch in den Sagen.

Der Posten und die Katzen

Vor langer Zeit stand einmal ein Soldat in Göttingen auf dem Posten. Jede Nacht wurde er von vielen Katzen durch Geschrei so in Angst und Schrecken versetzt, dass er es schließlich nicht mehr aushalten konnte. Er fragte seinen Unteroffizier, ob er Abhilfe schaffen könnte. Der riet ihm, er solle kräftig um sich hauen und versuchen, einer Katze eine Pfote abzuschlagen. Die solle er dann bei sich behalten.

Als in der nächsten Nacht wieder viele Katzen kamen, hieb er mit dem Bajonett um sich. Tatsächlich gelang es ihm, einer großen Katze eine Vorderpfote abzuschlagen. Er ergriff sie und steckte sie in die Manteltasche. Nun versuchten die Katzen, ihm die Pfote zu entreißen, doch er schlug weiter wild um sich. Da entflohen sie unter großem Geheul.

Am anderen Morgen wunderte sich der Mann nicht wenig, denn als er in die Manteltasche griff, zog er eine Menschenhand hervor. Nun wurde in der Nachbarschaft nachgesucht, und man entdeckte eine alte Frau, der die Hand abgehauen war. So wurde sie als Hexe erkannt und bestraft.

Hexenprozesse folgten mehr oder weniger einem gesetzlich festgelegten Schema. Dazu gehörten Untersuchungshaft, Befragung nebst Protokoll und – im Falle, dass die Person leugnete – die Folter, denn ohne Geständnis gab es kein Urteil und keine Hinrichtung. Die Angeklagten hatten durchaus die Chance, Verwandte um Hilfe zu bitten. Diese konnten Anwälte mit der Verteidigung beauftragen. Dieser Ablauf schimmert in der Geschichte aus Wulften am Harz noch durch, auch wenn hier die Bauern zur »Selbsthilfe« greifen, was durch das Prozessrecht nicht gedeckt war.

Die Hexe von Wulften

Die alte Frau Hobein in Wulften galt allgemein als Hexe. Nach einer Weile meinten die Bauern, sie hätte es zu schlimm getrieben, und beschlossen, sie zu verbrennen. Als ihr das angekündigt wurde, schrieb sie sofort ihrem Sohn, der zu der Zeit unter den Soldaten war, und bat ihn um Hilfe. Er eilte auch sofort nach Wulften.

Die Bauern aber hatten nicht lange gezögert und sie auf den Anger zum Scheiterhaufen gebracht. Der Sohn kam gerade an, als das Feuer angezündet wurde. Als er hörte, warum sie bestraft wurde, wandte er sich zur Umkehr und sagte zu ihr: »Nie hätte ich geglaubt, dass ich eine so schlechte Mutter hätte, welche des Teufels Künste treibt.«

Die Frau konnte kaum noch sprechen, aber mit letzter Kraft antwortete sie. »Eine brave Mutter hattest du, welche dich das Hexen nicht lehren wollte und deshalb jeden Mittag zwischen elf und zwölf unter einer Brücke von dem Teufel mit eisernen Drahtruten gepeitscht wurde. Als das alles mich nicht bewegen konnte, deine Seele dem Teufel zu verschreiben, verließ er mich, und so bin ich den Bauern in die Hände gefallen.«

Die Befragungen der angeklagten Frauen und Männer folgten ebenfalls einem Schema. Dazu gehörte auch die Frage, ob sie auf dem »Blocksberg« mit dem Teufel getanzt hätten. Der Brocken im Harz war in der Vorstellung der Hexenjäger nur einer dieser Blocksberge. Durch den »Faust« von Johann Wolfgang von Goethe wurde er so populär, dass viele Menschen glauben, der Brocken sei der Hexenberg schlechthin.

Die Hexe aus Gittelde fuhr auf den Blocksberg

Eine Hexe hatte sich verheiratet. Als nun der Walpurgisabend kam, ging sie in die Küche, da standen sieben Flaschen. Sie tauchte einen Finger der Reihe nach in die Flaschen und murmelte dabei einen Zauberspruch. Dann beschmierte sie sich mit der so hergestellten Salbe, griff sich eine Ofengabel und fuhr zum Schornstein hinaus.

Der Mann, der alles mit angesehen hatte, wollte es ihr nachmachen. Doch er hatte den Spruch falsch verstanden. Zwar konnte er nun auch fliegen, aber unterwegs rempelte er überall an. Nur mit Müh und Not kam er am Blocksberg an, gerade als der Tanz fertig war. Die Frau hatte ihre Salbe bei sich, beschmierte sich erneut und war bald wieder zuhause. Der Mann aber hat zu Fuß nach Hause gehen müssen und ist darum erst sehr spät zurückgekehrt.

Göttliche Wunder

Kirchliche Rituale gaben den Menschen einen festen Handlungsrahmen innerhalb des christlichen Weltbilds vor. Ihn zu ignorieren bedeutete, Gott zu erzürnen. Dann geschahen Zeichen und Wunder, wie z.B. in dem Dorf Escherode in der Gemeinde Staufenburg.

Die versunkene Glocke in Escherode

In alten Zeiten bekam die Kirche in Escherode eine große, neue Glocke. Da die Gemeinde gerade keinen eigenen Pastor hatte und sie auch keinen fremden Geistlichen wollten, der die Glockenfeier leitete, wurde die neue Glocke nicht geweiht und nicht getauft.

Mit großer Mühe zog man sie den Turm hinauf und befestigte sie im Glockenstuhl. Andächtig stand die gesamte Gemeinde in der Kirche und wartete gespannt auf den ersten Glockenschlag. Die Messdiener setzten die Glocke in Gang, aber beim ersten Schlag sprang sie aus ihrer Halterung, flog aus dem geöffneten Schallloch und verschwand in der Tiefe des Brunnens auf dem Glockendrische.

Eilig wurde ein Brunnenmeister geholt, und gemeinsam versuchte man, sie wieder herauszuholen. Doch bei jedem Versuch sank sie tiefer und tiefer, so dass der kühne Brunnenmeister die Arbeit einstellen musste.

Eine Glocke zu gießen ist bis heute ein sehr komplizierter Vorgang, bei dem vieles schiefgehen kann. In früheren Zeiten mussten die Glocken vor Ort gegossen werden, weil es kaum möglich war, sie über längere Strecken zu transportieren. An diese lokale Glockengussgrube knüpft die Wandersage von der Sau, die eine Glocke findet, an. Oft verknüpft sich die Erzählung mit einem Flurnamen, der mit »Sau« oder »Glocke« gebildet ist, so ist es in Brochthausen die »Sauwühle«, in Hilkerode die Glockenquelle auf dem Pfingstanger und in Obernfeld der »Glockenborn«. Dass es auch Ausnahmen gibt, belegt die Sage aus Scharzfeld.

Sau fand, Mädchen band

In alten Zeiten hütete der Scharzfelder Dorfhirte gern seine Rinderherde am Hang vor der Steinkirche. Während diese ruhig grasten, arbeitete er mit hölzernem Meißel und hölzernem Schlegel daran, die Höhle in eine Kirche zu verwandeln. Und obwohl deshalb die Kühe immer auf dem gleichen Platz grasten, gaben sie doch immer gute Milch. Als der Hirte sie auf Drängen der Bauern woanders weidete, magerten sie ab gaben nur noch Blut. Da trieb er sie zurück, und sie wurden wieder fett.

Als die Kirche fertig war, bekam sie auch eine Glocke. In den Wirren des Dreißigjährigen Kriegs wurde sie von plündernden Soldaten heruntergerissen und versank im Boden. Viel später wurde sie von einer Sau mit zehn Ferkeln freigekratzt. Die Leute versuchten alles Mögliche, doch sie konnten die Glocke nicht herausziehen. Dann kam ein Hirtenmädchen, knüpfte sein Haarband an die Glocke und zupfte sie ganz einfach aus dem Loch heraus. Man brachte die Glocke dann nach Scharzfeld und hängte sie in den Kirchturm. Wenn sie läutet spricht sie dabei: »Sau fand, Mädchen band.«

Auch die Kirchenglocke von Desingerode wurde der Sage nach von einer Sau zwischen Werxhausen und Nesselröden ausgewühlt. Beim Transport gingen die Zugtiere durch, und so kam die Glocke nach Desingerode. Ebenso ging es den Leuten aus Bodensee, deren Glocke nach Bilshausen wollte.

In Germershausen war es hingegen eine Mutter-Gottes-Figur, die nachdrücklich deutlich machte, wo sie stehen wollte.

Das wandernde Gnadenbild in Germershausen

Vor alten Zeiten sah ein Schäfer eines Abends aus einem hohlen Weidenbaum ein helles Licht schimmern. Da seine Furcht größer war als seine Neugierde, ging er nicht näher heran. Als er am nächsten Morgen seine Schäferhütte verließ, fand er in dem Baum ein Bildnis von der Gottesmutter mit dem Jesuskinde. An der Fundstelle wurde bald eine kleine Kapelle errichtet und das Gnadenbild dort aufgestellt. Aus der ganzen Umgebung pilgerten die Leute heran, um es zu besichtigen und dort zu beten.

Da der Kapellenplatz auf einer niedrig gelegenen Wiese war, kam es immer wieder vor, dass das Hochwasser quer durch die Kapelle floss. Darum fassten die Bewohner von Germershausen den Plan, eine neue und schönere Kirche auf einem Hügel zu errichten.

Also fing man an, Steine und Holz auf die Anhöhe zu fahren. Doch am nächsten Tag lag das Baumaterial wieder in der Niederung bei der alten Kapelle. Die Leute vermuteten einen Schabernack und schafften das Material erneut auf den Hügel. Und am nächsten Morgen lag wieder alles an dem alten Platz.

Um hinter das Geheimnis zu kommen, wurden die Sachen ein drittes Mal auf den Hügel geschafft. Einige beherzte Männer versteckten sich in der Nähe, um genau aufzupassen, was da passierte. Der Mond stand hinter Wolken, und der ganze Himmel war trübe. Gegen Mitternacht hellte der Himmel auf, und der Mond schien klar und deutlich auf die Anhöhe. Da schritt eine weißgekleidete Frauengestalt von himmlischer Schönheit über die Baustelle und befestigte an einem der Steine eine Schnur. Dann ging sie mit dem Band in der Hand den Hügel hinunter, und alle Steine und Balken folgten ihr hinterher und legten sich neben der alten Kapelle ab. Dann verschwand die Gestalt.

Voller Staunen und Ehrfurcht beschlossen die Leute, die neue Kapelle an der von der Gottesmutter selbst bezeichneten Stelle zu errichten.

Uns ist der Wunderglaube so ziemlich abhandengekommen, hilft uns doch die Wissenschaft, die Welt zu verstehen und Krisen zu meistern. Doch das ist eine sehr junge Entwicklung. In einer Zeit ohne Elektrizität (von GPS ganz zu schweigen) war die Gefahr, im Dunkeln außerhalb des schützenden Heims verloren zu gehen, sehr real. Eine Rettung aus dieser potenziell lebensbedrohlichen Situation war ein Zeichen göttlichen Beistands.

Das Siebenläuten in Göttingen

Einst hatte eine adelige Dame sich im Walde verirrt und war nicht in der Lage, wieder auf den rechten Weg zu kommen. Die Dämmerung brach herein, darum war sie rasch vollkommen orientierungslos. Zu ihrem Glück hörte sie mit einem Male von Göttingen herüber die Glocke Sieben schlagen. Sie folgte der Richtung des Schalls und kam so glücklich nach Göttingen. Zum Dank dafür vermachte sie der Johanniskirche eine Summe Geldes mit der Bestimmung, dass dafür an den kurzen Tagen abends um sieben Uhr mit einer Glocke geläutet würde. Das nannte man das Siebenläuten.

Die wundersame Errettung mit der anschließenden Stiftung eines Geläuts ist ein häufig anzutreffendes Wandermotiv. In Hann. Münden wird es auf St. Blasius bezogen.

Das Katharinenläuten

Vom Kloster Hilwartshausen aus hatte sich eine herzogliche Prinzessin nach dem Reinhardswalde auf die Jagd begeben. Dabei verirrte sie sich. Schon war der Abend angebrochen, und sie hatte alle Hoffnung aufgegeben, aus dem Wald herauszufinden, als sie von Münden herüber abends neun Uhr läuten hörte. Sie folgte dem

Schall und kam so in der Nähe der Stadt aus dem Wald heraus. Aus Dankbarkeit stiftete sie der Kirche St. Blasius eine Glocke und bestimmte, dass vom Katharinentage (25. November) an vier Wochen lang jeden Abend um neun Uhr eine Viertelstunde lang geläutet werden sollte. Der Küster erhielt dafür alljährlich ein fettes Schwein.

Der kecke Jagdausflug ohne Begleitung passt nicht so recht zur gottesfürchtigen Stiftung. In einer anderen Version ist der Charakter der Protagonistin wesentlich glaubwürdiger mit der Entstehung des Brauchs verknüpft, der sich bis in die 1930er Jahre hielt.

Katharina von Thüringen

Prinzessin Katharina von Thüringen lernte am väterlichen Hofe den edlen Ritter Eberhard von Minningerode kennen und lieben. Mit beider Väter Segen verlobten sie sich. Doch dann zog Eberhard voller Vertrauen in Katharinas Treueschwur als Kreuzfahrer ins Heilige Land. Die Hochzeit sollte nach seiner Rückkehr stattfinden. Doch bereits bei der Anreise raffte ihn die Pest dahin. Sein treuer Diener brachte die Trauerbotschaft heim. Die gramgebeugte Katharina zog sich ins Kloster Hilwartshausen zurück und fand Trost im Gebet und in der Pflege der Kranken.

Eines Tages gelangte die Kunde ins Kloster, dass der Förster in seiner Klause am Gahrenberge erkrankt sei. Katharina nahm Speise und Kräuter für einen heilenden Tee und brach auf, um dem Mann zu helfen. Über die Pflege und das Gespräch mit dem einsamen Mann verging der Tag. Als sie sich endlich verabschiedete, brach bereits die Dämmerung herein.

In ihrem Bestreben, schnellstmöglich zum Kloster zurückzukehren, folgte Katharina einem schmalen Pfad, der schnurgerade Richtung Kloster verlief. Doch die scheinbare Abkürzung endete im Nichts, die Dunkelheit brach herein, sie verlor die Orientierung und stand schließlich in völliger Finsternis zwischen hohen Bäumen und niedrigen Büschen. Kein Stern war zu sehen, nur die Wipfel rauschten gewaltig.

Voller Verzweiflung warf sich die erschöpfte Nonne auf die Knie und betete um göttlichen Beistand. Die Verzweiflung wich, und als sie sich mit neuem Mut erhob, sah sie in der Ferne ein ganz schwaches Licht, dann hörte sie vom Kirchturm neun helle Glockenschläge. Entschlossen raffte sie ihre Röcke und folgte dem Ruf der Glocke. Bald erreichte sie das Fährhaus am Fluss, wo sie über Nacht Aufnahme fand.

Am anderen Morgen kehrte sie wohlbehalten in ihr Kloster zurück, wo sich alle sehr über ihre Rettung freuten, denn die Klosterknechte hatten die halbe Nacht vergeblich nach ihr gesucht. Mit der Äbtissin und dem Prior besprach sich Katharina, wie sie Gott und Münden für ihre Rettung danken könne. Dann schenkte sie St. Blasius eine Glocke, die fortan ihren Namen trug. Eine Geldstiftung stellte sicher, dass fortan vom Katharinentag an bis Heiligabend die Glocke abends um neun Uhr eine Viertelstunde lang läuten sollte, damit der Klang Verirrten den richtigen Weg ins Tal weise.

Milde Stiftungen aufgrund persönlicher Errettung aus Todesgefahr hat es tatsächlich gegeben. Die Julianenstiftung für die Armen des Dorfes Eddigehausen aus dem Jahr 1624 ist urkundlich sehr gut belegt. Hier sind die Zeichen und Wunder nicht der Grund für die Stiftung, sie treten auf, weil das jährliche Ritual ausgefallen war.

Die Julianenstiftung

Im Dreißigjährigen Krieg flüchtete der Landgraf von Hessen auf die Plesse und ließ nach wenigen Wochen die Landgräfin nachkommen. Sie reiste heimlich und mit sicherem Geleitschutz ab und kam auch glücklich in der Abenddämmerung auf der Burg an. Doch der Landgraf war abgereist und hatte ihr die Botschaft hinterlassen, ihm zur nächsten Burg zu folgen.

An eine sofortige Weiterfahrt war nicht zu denken, und so blieb sie über Nacht, gab ihren Leuten jedoch den Befehl, bei Morgengrauen aufbruchbereit zu sein. In der Nacht hatte es stark gefroren, bereits auf dem Burghof herrschte Glatteis, und ihre Leute rieten ihr, bis mittags zu warten. Aber sie wollte ihren Gatten nicht verärgern und entschied, unverzüglich aufzubrechen.

Es war der 5. März 1624. Als der Wagen den steilen Weg hinabfuhr, fanden die Pferde kaum einen sicheren Tritt, der Wagen schlingerte und ließ sich nicht anhalten. In einer scharfen Kurve überschlugen sich Pferde und Wagen und stürzten mitsamt der Landgräfin, einer ihrer Töchter und einer Dienerin in den Abgrund. Die Stelle wird seitdem das Fürstinnenloch genannt.

Durch Gottes gnädigen Schutz blieben alle Beteiligten unverletzt, aber eine Weiterreise war vorerst unmöglich, weil die Kutsche zerstört war. Als Dank für die wundersame Rettung bestimmte die Landgräfin, dass alljährlich am Jahrestag des Unfalls sieben Malter (ca. 900 Liter) Roggen unter die Armen Eddigehausens verteilt werden sollte. Zum Gedächtnis sollte der Prediger des Dorfes eine Gedächtnis- und Dankesrede halten, für die er einen Malter Roggen erhielt.

Einmal war die Verteilung des Roggens unterblieben, da hörte man auf dem herrschaftlichen Kornboden in der Domäne zu Eddigehausen ein ununterbrochenes, gewaltiges Geräusch, als wenn jemand schaufeln würde. In der Nacht brachen aus dem Stall unter dem Kornboden sieben Fohlen aus, ohne dass man erkennen konnte, wie sie ins Freie gelangt waren. Nur ein kleines Loch in der Wand deutete auf ihren Fluchtweg hin.

Lange wurden sie vergeblich gesucht, endlich fand man sie nebeneinanderstehend am Fürstinnenloch. Aber so sehr man sich auch bemühte, sie wollten nicht wieder in den Stall. Erst als das Getreide verteilt war, ließen sie sich führen. Danach wurde die Verteilung nie wieder vergessen.

Nicht immer sind es Adelige, die aus tiefster Not errettet werden und etwas stiften. Im katholischen Untereichsfeld kann das auch schon mal eine bürgerliche Gruppe sein – ein schöner Beleg für die allgemeine Volksfrömmigkeit bis in die heutige Zeit. Die Verehrung der 14 Nothelfer ist dort weit verbreitet. Die Kapelle in Bilshausen stammt (erst) aus der Mitte des 19. Jahrhunderts. Bis heute versammeln sich die Bilshäuser hier, um gemeinsam die Wallfahrt auf den benachbarten Höherberg bei Wollbrandshausen zu begehen. Die dortige Kirche wurde nach einer glücklich überstandenen Cholera-Epidemie 1856 errichtet und ist Maria und den 14 Nothelfern geweiht.

Die Vierzehn-Heiligen-Kapelle in Bilshausen

Früher überwanden die Bilshäuser Händler mit ihren Korb- und Strohwaren weite Strecken, um Käufer zu finden. Einmal waren drei Bilshäuser bis in den Schwarzwald gewandert. Eines Tages waren sie in der unbekannten Gegend vom Weg abgekommen und irrten lange umher. Als ihnen das Brot ausging, sammelten sie sich ein paar Beeren, um etwas in den Magen zu bekommen.

Am dritten Tag hatten sie noch immer keine menschliche Wohnung gesehen und waren nahe am Verschmachten. Sie besprachen ihre Lage und beschlossen, gemeinsam zu den vierzehn Nothelfern zu beten und das Gelübde abzulegen, nach ihrer glücklichen Heimkehr ihnen zu Ehren eine Kapelle zu errichten.

Nachdem sie einige Zeit laut gebetet hatten, hörten sie plötzlich eine Glocke schlagen. Sie gingen dem Klang nach und kamen nach einer Weile zu einem einsam gelegenen Bauernhof. Nun waren sie gerettet, denn die Bauersleute nahmen sie freundlich auf und bewirteten sie.

Als sie von ihrem Erlebnis erzählten, sagte der Bauer, »wir haben im Giebel eine Glocke hängen, die nur bei Gefahr geläutet wird. Heute Abend ist unser kleiner Sohn ausgebüxt und hat es geschafft, das Glockenseil zu lösen. Deswegen läutete sie. Und das hat euch gerettet.«

Am nächsten Tag wurden sie auf den rechten Weg gebracht. Und als sie nach einigen Wochen glücklich heimkamen, erfüllten sie ihr Gelübde und bauten die Kapelle.

Literatur (in Auswahl)

Behrens, Georg Henning: Hercynia Curiosa. Nordhausen 1703.

Peuckert, Will-Erich: Denkmäler deutscher Volksdichtung, 6 Bände, Göttingen 1964-1983.

Duval, Carl: Das Eichsfeld. Sondershausen 1845.

Fischer, Heinrich: Sagen des Kreises Osterode am Harz. Herzberg am Harz 1986.

Grimm, Jacob; Grimm, Wilhelm: Deutsche Sagen. Kassel 1813/ 1816.

Harrys, Hermann: Volkssagen, Märchen und Legenden Niedersachsens. Celle 1840.

Henniger, Karl; von Harten, Johann: Niedersachsens Sagenborn 1. Hildesheim 1987.

Keindorf, Gudrun: Wege der Überlieferung. Zu Funktions- und Bedeutungswandel der „Sagen“ von der Burg Plesse. Bovenden 1995.

Kurz, Carl Heinz: Bovender Sagen. Bovenden 1980.

Letzner, Johannes: Plessisch Stambuch. Mühlhausen 1587.

Schambach, Georg; Müller, Wilhelm: Niedersächsische Sagen und Märchen. Göttingen 1854.

Sittig, Karl: Sagen des südhannoverschen Berglandes. Hann. Münden 1924.

Wüstefeld, Karl: Eichsfelder Sagenschatz. Duderstadt 1984.

Register

Adelebsen 16, 17, 37, 47
Altenau 55
Asche 48

Bad Grund 55, 60, 72
Bad Lauterberg 21 f.
Bad Sachsa 52
Ballenhausen 36, 54
Barlissen 77
Benniehausen 53
Bernshausen 41, 44, 68
Billingshausen 34, 37
Bilshausen 62, 114, 122 f.
Blocksberg 111
Bodensee 102, 114
Bönnekehausen, Burg 92
Bovenden 47, 64
Brochthausen 113
Brocken 111

Desingerode 114
Diemarden 37
Dorste 62
Drakenburg, Burg 84
Dransfeld 19 f., 45, 49
Duderstadt 16, 31, 75, 107

Ebergötzen 93 f.
Eddigehausen 64, 120
Eichenkrug 37
Eisdorf 79 f.
Elbingen, Wüstung 32
Elliehausen 53, 62
Escherode 112
Esplingerode 68

Förste 80
Fulda 15

Gelliehausen 37, 45
Germershausen 68, 114 f.
Gieboldehausen 44, 84, 97 f.
Gillersheim 35
Gittelde 111
Gleichen, Burg 45
Göttingen 11, 17, 19, 20, 37, 64, 84, 108, 117
Grona, Pfalz 17
Grone 37
Groß Lengden 37
Groß Schneen 92
Güntersen 49

Hann. Münden 15, 19, 36, 54, 104, 117
Hardenberg, Burg 18
Harz 45, 52
Harzrand 13, 62
Hattorf am Harz 91
Heißenthal 46
Herberhausen 84
Herzberg am Harz 37
Hilkerode 90, 113
Hilwartshausen, Kloster 117 f.
Höckelheim 18
Holzerode 37, 94
Hörden am Harz 62
Hülfensberg 98

Imbshausen 49
Immingerode 88

Jettenhöhle 62
Jühnde 45

Katlenburg, Kloster 80
Klein Lengden 37

Leinebergland 13
Leinetal 34, 45, 47
Lichtenstein, Burg 80
Lindau 41
Löwenhagen 87

Mariaspring 26
Marsfelde, Wüstung 97
Meensen 62, 71

Nesselröden 30, 114
Neuhof 50
Nienhagen 105
Nörten-Hardenberg 23
Northeim 18
Nüxei 38

Obernfeld 53, 113
Obernrode, Wüstung 91
Osterhagen 38, 73 f.
Osterode am Harz 26–28, 53, 62, 80, 82

Plesse, Burg 11, 18, 22 f., 47, 64, 71, 120
Pöhlde 36

Radolfshausen 94
Reinhardswald 103, 105, 117
Renshausen 35
Rhumspringe 38
Riefensbeek-Kamschlacken 62
Rollshausen 97
Roringen 37
Rosdorf 45
Rosenthal, Wüstung 30
Rüdershausen 75 f.

Sankt Andreasberg 21
Scharzfeld 113
Scheden 32
Schwiegershausen 53, 83
Seeburg 41, 62
Sennickerode 36
Sensenstein, Burg 104 f.
Seulingen 31, 68
Sichelnstein, Burg 104–106
Sieber 62
Spanbeck 100
Staufenburg 105, 112
Südharzrand 34, 38, 50

Tiftlingerode 54, 88

Untereichsfeld 13, 16, 122

Volkmarshausen 46

Waake 37, 62, 95
Walkenried 50, 52
Walkenried, Kloster 21 f.
Werra 15
Werxhausen 31, 114
Westerode 30 f.
Wickelshausen, Wüstung 68 f.
Wollbrandshausen 122
Wollershausen 53
Wulften am Harz 53, 91, 109 f.

Cornelia Kenklies
Sagen und Geschichten aus dem Alten Land

128 S., 14,90 Euro
ISBN 978-3-95494-261-9

»Das Alte Land ist reich an Märchen, Anekdoten und Sagen, die zumeist auf Plattdeutsch überliefert sind. Zum Glück haben literarisch begabte Altländer frühzeitig zur Feder gegriffen und uns einen tiefen Einblick in Sitten, Gebräuche und Mentalität hinterlassen.

Aus dieser reichen Quelle durfte ich schöpfen, sammeln, zusammentragen und übersetzen. Wir alle stehen auf den Schultern unserer Ahnen. Ihnen gebührt der Dank. Ohne ihren Fleiß und ihre Heimatliebe hätte dieses Büchlein nicht erscheinen können.«

Cornelia Kenklies

Undine Stiwich
Sagen und Geschichten aus dem Wendland

128 S., 14,90 Euro
ISBN 978-3-95494-287-9

»Das Wendland, das Hannoversche Wendland, liegt im Südosten von Niedersachsen und ist ca. 70 km von Lüneburg entfernt. Diese Region bietet viel Raum für Sagen & Geschichten und auch das Brauchtum ist hier noch lebendig.

Seit vielen Jahren arbeite ich zur Geschichte des Hannoverschen Wendlandes und sammle die Sagen und Volksbräuche, die hier nun veröffentlicht werden.«

Undine Stiwich

Heike Bloom
Karin Sohnemann
Sagen und Geschichten aus der Lüneburger Heide

128 S., 14,90 Euro
ISBN 978-3-95494-254-

Die Autorinnen haben aus allen Teilen der Lüneburger Heide Sagen und Geschichten gesammelt, die in diesem Buch neu erzählt werden.

»Ein kurzweiliges Buch mit Kurzgeschichten, wie man sie heute auch wieder für Besonderheiten in der Heide neu entdeckt hat. Geschichten, die die Fantasie der Leser beflügelt.«

Mathias Zimmermann
(Geschäftsführer Verein NaturschutzPark)